악의
남용

The Abuse of Evil:
The Corruption of Politics and Religion since 9/11
by Richard J. Bernstein
Copyright© 2005 by Richard J. Bernstein
All rights reserved

Korean translation edition © 2016 by Ulyuck Publishing House
Published by arrangerment with Polity Press
in association with Blackwell Publishing Ltd., Oxford, UK
via Bestun Korea Agency, Korea
All rights reserved.

이 책의 한국어판 저작권은 베스툰 코리아 에이전시를 통해 저작권자와의 독점 계약한 도서출판 울력에 있습니다. 저작권법에 의해 한국 내에서 보호를 받는 저작물이므로 무단 전재와 무단 복제를 금합니다.

RICHARD BERNSTEIN
THE ABUSE OF EVIL: THE CORRUPTION OF POLITICS AND RELIGION SINCE 9/11

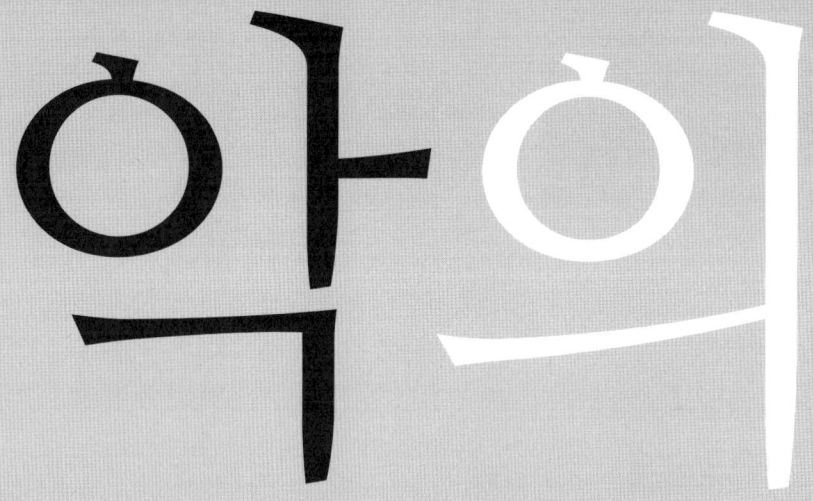

9/11 이후의 정치와 종교의 부패

21세기를 위한 주제 07

리처드 J. 번스타인 지음 · 류지한, 조현아 옮김

울력

악의 남용 (21세기를 위한 주제 07)

지은이 | 리처드 J. 번스타인
옮긴이 | 류지한, 조현아
펴낸이 | 강동호
펴낸곳 | 도서출판 울력
1판 1쇄 | 2016년 2월 5일
등록번호 | 제10-1949호(2000. 4. 10)
주소 | 08269 서울시 구로구 고척로4길 15-67(오류동)
전화 | (02) 2614-4054
FAX | (02) 2614-4055
E-mail | ulyuck@hanmail.net
값 | 13,000원
ISBN | 979-11-85136-24-0 03160

이 도서의 국립중앙도서관 출판예정도서목록(CIP)은
서지정보유통지원시스템 홈페이지(http://seoji.nl.go.kr)와
국가자료공동목록시스템(http://www.nl.go.kr/kolisnet)에서
이용하실 수 있습니다. (CIP제어번호: CIP2016001396)

· 잘못된 책은 바꾸어 드립니다.
· 옮긴이와 협의하여 인지는 생략합니다.

THE ABUSE OF EVIL

차례

머리말 _ 7
서론 _ 11
1. 멘탈리티의 충돌 _ 35
2. 실용주의적 가류주의의 선행 사상과 유산 _ 63
3. 도덕적 확실성과 열정적 헌신 _ 83
4. 악과 민주 정치의 부패 _ 105
5. 악과 종교의 부패 _ 145
에필로그: 무엇을 할 것인가? _ 181
옮긴이의 글 _ 187
참고 문헌 _ 193

머리말

2001년 8월 31일 나는 『근본악Radical Evil』이란 제목의 책의 원고를 완성했다. 그로부터 11일 후, 역사상 가장 극적인 테러 공격이 일어났다. 오늘날 그 누구도 이 세상이 그 치욕의 날에 바뀌었음을 의심하지 않는다. 우리는 밤새도록(말 그대로이다) 악에 대한 영상과 이야기의 폭격을 받았다. 내 책 『근본악』은 20세기에 우리가 경험한 끔찍한 악들에 대한 포괄적 이해를 시도한 책이었다. 나는 우리가 현대 철학의 전통에서 악의 의미에 대해 배울 수 있는 것들을 살펴보고자 했다. 나는 그 책에 "철학적 질문"이란 부제를 달았고, 칸트, 헤겔, 셸링, 프로이트, 니체, 레비나스, 요나스, 그리고 아렌트 등을 탐구함으로써, 그들이 악의 본질에 대해 우리에게 가르치는 바를 배우고자 했다. 나의 제1논제는 다음과 같다. "악에 대한 질문은 지속적이며, 제한 없는 과정이다. 나는 악이 무엇인지에 관해 완전한 설명을 제시하는 악의 이론theory of evil이라는 생각에 대해서 일관되게 회의주의적 자세를 견지해 왔다. 우리는 어떤 새로운 형태의 악이 출현할 것인지 또는 어떤 악의 변화가 일어날 것인지를 예측할 수 없다. 이런 이유에서 나는 그러한 악의 이론이 가능하다고 생각하지 않는다." 그 당시에 나는 내 주장이 얼마나 예언적인지를 미처 깨닫지 못하고 있었다.

9/11 이후에 나는 내 책을 수정할 것인지 고민하였으나, 내가 당초에 썼던 대로 그냥 두기로 결정했다. 9/11 이래로 악은 대중적인, "뜨거운" 쟁점이 되었다. 정치인들, 보수주의자들, 설교자들, 그리고 매체들이 모두 악에 대해 이야기하고 있다. 솔직히, 나는 9/11 이후의 "악에 대한 담론"으로 인해 아주 힘이 들었다. 나는 이렇게 경직되고 단순화된 이분법에 따라 세상을 둘로 갈라놓는 선과 악의 새로운 담론은 악의 남용abuse of evil이라고 주장한다. 전통적으로 볼 때, 우리의 종교적, 철학적, 문학적 전통에서 악에 대한 담론은 사유와 질문과 탐구를 자극하기 위한 의도가 깔려 있었다. 그러나 오늘날 악에 대한 호소는 복잡한 이슈들을 모호하게 만들고, 진정한 사유를 차단하며, 공적인 토론과 논쟁을 막으려는 정치적 도구로 이용되고 있다. 나는 오늘날 우리가 직면하고 있는 것은 문명의 충돌이 아니라 멘탈리티의 충돌이라고 주장한다. 한편에는 절대성, 가정된 도덕적 확실성, 단순한 이분법으로 이끌리는 멘탈리티가 있다. 그 반대편에는 정치에서 절대성에 호소하는 것에 의문을 제기하고, 주관적인 도덕적 확신과 객관적인 도덕적 확실성을 혼동하지 말아

야 한다고 주장하며, 악의 세력과 선의 세력을 양분하는 무비판적이고 경직된 이분법에 대해 회의적인 멘탈리티가 있다. 나는 이 후자의 멘탈리티를 "실용주의적 가류주의pragmatic fallibilism"라고 부른다. 또한 나는 절대성과 확고한 도덕적 확실성에 호소하지 않는다면 우리의 현실적인 적들과 맞서 싸우기 위해 단호하게 행동할 수 없게 된다는 주장에도 반대한다. 이 주장은 정당화되지 않는 터무니없는 주장이다. 부정의와 부도덕에 대항하겠다는 열정적인 헌신과 가류주의 사이에 양립 불가능성은 존재하지 않는다. 또한 나는 9/11 이후의 악의 남용이 민주적인 정치와 종교를 모두 **부패시킨다**고 주장한다. 민주 정치에 절대성을 위한 자리는 존재하지 않는다. 그리고 종교적 신앙이 선과 악을 알기 위한 **충분한** 기초라고 무비판적으로 가정한다면, 이는 세계 종교에서 가장 중요한 점을 모독하는 것이다. 종교적인 근본주의자와 광신주의자도 있고, 비종교적인 근본주의자와 광신주의자도 있다. 그리고 확고한 가류주의에 입각해서 자신들의 믿음, 행위, 감정을 형성하는 종교적인 신앙인들과 비종교적인 세속주의자들도 있다. 멘탈리티의 충돌은 종교/세속의 구분을 넘어선다. 이러한 멘탈리티들 간의 충돌은 오늘날 ― 그리고 미래에 ― 세계 속에서 우리가 어떻게 사유하고 행위할 것인가를 결정하는 데 큰 영향을 미친다.

나는 이 책을 쓰도록 용기를 북돋워 준 존 톰슨John Thompson과 교정과 편집을 훌륭하게 해 준 진 반 알테나Jean van Altena에게 고마움을 전하고자 한다. 또한 『형이상학 클럽: 미국의 사상론 *The Metaphysical Club: A Story of Ideas in America*』의 일부 문구를 인용하도록 허락해 준 루이스 메넌드Louis Menand와 파라 스트라우스 지루Farrar Straus Giroux 출판사에도 감사를 표한다.

서론

> 오늘 우리나라는 악, 인간 본성의 최악을 보고야 말았습니다.
>
> 조지 부시, 대국민연설, 2001년 9월 11일

> 미국은 그 악한 의도를 보여 주었고, 우리의 자랑스러운 이라크 국민들은 그것을 결코 용납할 수 없습니다.
>
> 알-사드르, 2004년 4월 7일

우리가 어떤 사건, 의도, 행위 또는 어느 개별 인간을 악하다고 부를 때, 그것이 의미하는 바는 무엇인가? "오늘 우리나라는 악 *evil*을 보았습니다"라고 말할 때처럼, 우리는 악을 하나의 명사로 사용한다. 이때 우리가 '악'이라는 말로 지칭하는 것은 무엇인가? 우리가 악을 언급할 때 거기에는 분명 오싹하고 대단히 감정적인 무언가가 있다. 우리는 우리가 의도하는 바를 정확히 알고 있다고 느낀다. 비록 우리가 악의 의미를 정의하는 데 곤란을 겪기는 하지만, 그렇다고 해도 무엇이 정말로 악인지에 대해서는 어떠한 애매함이나 혼란도 없다. 또한 우리는 악과의 타협은 결코 있을 수 없다고 느낀다. 우리는 악의 제거를 위해 싸워야 한다. 누군가 악이 의미하는 바를 명확히 밝히라고 요구한다면, 우리는 아마도 다른 표현들, 예컨대 부정의한, 부도덕한, 그른, 사악한, 끔찍한, 악독한, 악의에 찬, 가학적인, 타락한 등의 표현들에 호소할 것이다. 그러나 이 표현들 중 그 어느 것도 악만큼 강력하지 않고, 간명하거나 간결하지도 않다. 우리는 그 최악의 이름을 더욱 강조하기 위해서 절대 악, 순수 악, 또는 근본악이라는 용어를 사용한다. 가끔 우리는 악을 서로 비교하기도 하고 "두 악 중에서 덜한 악"(차악次惡)과 같은 표현을 쓰기도 한다. 하지만 그보다 훨씬 더 자주 우리는 악을 절대적인 관점에서 생각한다. 악은 악이다. 여기에 정도의 차이는 존재하지 않는다.

악에 대한 관심은 문명 그 자체만큼 오래되었다. 이는 모든 주요 종교들의 기본적인 주제였다. 인류의 위대한 철학자들, 신학자들, 시인들, 소설가들은 악의 의미와 결과를 두고 고심했다. 그것은 플라톤, 아우구스티누스, 셰익스피어, 밀턴, 도스토예프스키의 주요 주제였다. 신학자들과 철학자들은 "악의 문제" 또는 "신정론神正論" — 18세기 철학자 라이프니츠가 처음 고안한 말 — 의 문제에 대해 이야기한다. 만일 누군가 전지전능하며 자비로운 신이 존재한다고 믿는다면, '악의 현상과 그러한 신의 실존을 어떻게 화해시킬 수 있겠는가'라는 의문이 생긴다. 내가 현상을 강조하는 이유는 일부 사상가들이 악의 실재*reality*를 부인해 왔기 때문이다. 그들에 의하면, 악은 선의 결여 또는 상실이다. 즉, 악은 그 실재적 실존을 결여한다. 한편, 또 다른 이들은 악의 실재를 확언하면서도, 인간 존재는 그들의 자유의지를 오용함으로써 세계 속에 존재하는 악에 책임을 지고 있다고 주장한다. 여기서 자유의지는 신으로부터 받은 선물로서 선 또는 악의 선택에 관여한다. 한편, 신이 실제로 전능하다는 생각에 반대하는 이들이 있어 왔다. "악의 문제"를 다룬 역사적 문헌들을 고찰해 보면, 우리는 그동안 자애로운 창조자의 개념과 세계 안에서의 악의 실존을 절충시킬 수 있는 거의 모든 가능성이 고찰되어 왔음을 보게 된다. 심지어 신의 자애로움을 부인하는 일부 종교적 교의들(기독교에서 이단으로 취급되는)도 있다. 실제로 전통적인 "악의 문제"는 악의 의미를 정의하거나 묘사하는 것과는 관련이 없다. 오히려 그 물음은 우리가 무엇을 악이라고 생각하든 간에 악의 실존과 사랑하는 신에 대한 믿음을 어떻게 절충시킬 수 있는가에 관한 것이다. 이제 우리의 과제는 신에게 그 책임을 지우지 않는 방식으로 악을 "설명"하거나 "정당화"하는 데 있다. 때때로 악의 문제는 그러한 신의 존재를 반대하는 데 이용되기도 하였다. 도스토예프스키의 이반 카라마조프는 무고한 어린이들이 이유 없이 죽이는 것은 자애로운 신에 대한 믿음과 결코 양립될 수 없다고 정열적으로 주장하고 있다.

악은 고통과 밀접하게 관련되어 왔다 ― 특히 그 어떤 의미나 정당화도 없어 보이는 고통의 경우에 그러하다. 이것은 그

동안 성서의 욥기가 고통이라는 명백한 악이 정의로운 신에 대한 믿음과 어떻게 절충될 수 있는지를 살핀 최초의 논의 중 하나로 인용되는 이유이다. "악의 문제"가 오직 종교적 문제라고 생각하는 것은 아주 심각한 오류이다. 현세적 사상가들도 이와 유사한 물음들을 제기해 왔다. 그들 역시 너무나 다루기 어려운 악이 존재하는 세계를 이해하는 방법을 알고자 했다. 니체는 인간 존재는 고통 그 자체를 거부하지 않는다고 하면서, 진정으로 참기 어려운 것은 무의미한 고통이라고 하였다. 또한 프랑스 철학자 에마뉘엘 레비나스는 악의 공포를 정당화하거나 합리화하려는 모든 시도는 신정론의 한 형태라고 주장했다. 따라서 우리는 신정론의 유혹에 맞서야 한다.

근대 초기의 많은 사상가들은 악을 자연적 악과 도덕적 악으로 구분하였다. 자연적 악은 직접적인 인간 개입 없이 발생하는 악이다. 아마도 가장 유명한 예는 1755년 11월 1일 아침, 전 도시를 강타하고 수천 명에 이르는 사람들을 폐허 속에 묻어 버린 리스본 대지진일 것이다. 당시, 그런 끔찍한 사건이 기독교적 신에 대한 믿음과 양립 가능한가라는 물음이 제기되었으며, 전 유럽에서 토론이 이루어졌다. 도대체 어떤 신이 그렇게 많은 무고한 사람들이 죽도록 내버려 둔단 말인가? 볼테르, 루소, 칸트 등 유럽 최고의 지성들이 이 물음을 두고 고민하였다. 그리고 이 물음은 당시의 팸플릿과 설교를 통해 대중들의 상상력을 사로잡았다. 오늘날, 우리들 대부분은 지진, 쓰나미, 토네이도, 허리케인과 같은 끔찍한 자연적 사건들을 악의 구현으로 이해하지 않는다. 자연적 악이라는 전체 범주가 의문의 대상이 되었다. 이것은 부분적으로 막스 베버가 "자연의 탈주술화"라고 칭한 것에 기인한다. 수전 네이먼Susan Neiman은 리스본 지진이 우리에게 "자연과 도덕은 분리되어 있다는 인식을 요구했다"는 점에서 근대성의 탄생을 나타낸다고 주장한다(Neiman 2004: 267).

20세기에 악에 관한 담론은 대단히 역설적으로 진행되어 왔다. 고전적 문제를 해결하고자 지속적으로 노력해 온 철학자들과 신학자들이 있다. 그러나 이러한 논의들은 점차 너무 전문화되고 난해해졌다. 즉, 일상생활의 관심에서 멀어진 것이다. 도덕철학자들은 정의로운 것과 부정의한 것, 옳은 것과 그른 것, 도덕적인 것과 부도덕한 것이 무엇인가의 문제에 집중하려는 경향이 있다. 많은 사람들이 근대 도덕철학자들 중 가장 위대한 사람으로 꼽는 칸트는 도덕적 진술들의 **정당화**는 우리의 종교적 신념과 무관한 것이어야 한다고 주장했다. 우리는 우리의 도덕 — 옳은 것과 그른 것, 좋은 것과 나쁜 것에 관한 우리의 생각 — 을 종교적 양육을 통해 배울 수는 있다. 하지만 이것이 곧 우리의 도덕에 대한 정당화가 종교적 신념에 기초해야 한다는 것을 의미하지는 않는다. 도덕의 토대에 관한 칸트의 견해에 반대하는 도덕철학자들도 도덕이 종교와 분명하게 구별되어야 한다는 생각에는 일반적으로 동의한다.[1] 따라서 많은 도덕철학

---

1. 철학에 "근본악"이라는 개념을 도입한 사람은 칸트였다. 칸트의 근본악의 의미에 대한 논의는 Bernstein(2002: ch.1)을 보라.

자들이 악에 관한 논의 자체를 회피해 온 것은, 악이 종교적 담론과 대단히 밀접하게 연관되어 있기 때문이다.

그러나 동시에, 우리가 나치 시대의 엄청난 공포와 최악의 대재앙이 낳은 극렬한 잔인함을 알게 된 이후로, 아우슈비츠는 우리 시대의 가장 극단적인 악 — 역사상 전례가 없는 악 — 을 상징하게 되었다. 한나 아렌트Hanna Arendt는 20세기의 전체주의와 함께 갑자기 등장한 새로운 형태의 악에서 특이한 점들을 간파하고자 노력한 몇 안 되는 사상가들 중 한 명이다. 칸트가 근본악이라고 표현한 것과 관련하여, 그녀는 이렇게 말하고 있다.

> 악은 우리가 기대했던 것보다 더 근본적인 것으로 드러났다. 객관적으로 표현하자면, 현대의 범죄는 십계명에서 제시된 것과는 다르다. 달리 말하면, 서구의 전통은 인간 존재가 저지를 수 있는 대부분의 악한 일들이 이기심이라는 악덕에서 나온다는 선입견 때문에 고통받고 있다. 그러나 우리가 아는 바로는 최대의 악 또는 근본악은 그렇게 인간적으로 이해할 수 있는 사악한 동기와는 전혀 관련이 없다.
>
> (Arendt and Jaspers 1992: 166)

그러나 근본악이란 무엇인가? 근본악은 인간을 잉여적 존재로 만들어 버린다. 이것은 예측 불가능성 — 인간에게 있어서 이것은 자발성과 동등하다 — 이 모두 제거되는 순간에 일어나게 된다. 우리는 한나 아렌트가 전체적 지배라고 기술한 것을 통해서 그녀가 의미하고자 한 바를 보다 충분히 이해할 수 있다. 그녀는 전체적 지배의 "논리"가 갖는 3단계 모델을 제시한다. 우리가 전체주의적 통치의 "실험실"을 발견한 것은 바로 강제수용소와 죽음의 수용소에서였다. 그리고 우리는 그 수용소에서 인간 존재의 성격을 변화시키기 위한 가장 극단적인 실험을 보게 된다.

"전체적 지배로 나아가는 첫 번째 본질적 단계는 인간에게서 법률적 인격juridical person을 말살하는 것이다"(Arendt 1968: 447). 이것은 나치가 죽음의 수용소를 세우기 훨씬 전부터 시작되었다. 아렌트는 유대인들로부터(그리고 동성애자와 집시와 같은 다른 집단들로부터) 그들의 법적 권리를 박탈했던 법률적 제약들을 언급하고 있다. "자의적 체계의 목표는 전체 인구의 시민권을 파괴해서, 궁극적으로는 그들을 자신들의 나라에서도 무국적자나 부랑자들처럼 법률상의 보호를 박탈당한 사람들로 만들려는 데 있다. 인간의 권리의 파괴, 인간의 법률적 인격의 말살이 그를 완전히 지배하기 위한 선결 조건이다"(Arendt 1968: 451). 강제수용소에 갇힌 사람들에게는 아무런 권리도 없다.

"살아 있는 시체를 예비하는 그 다음의 결정적 단계는 인간의 도덕적 인격을 살해하는 것이다. 이는 순교를 불가능하게 함으로써 이뤄지는데, 이는 역사상 처음이었다"(Arendt 1968: 451). 수용소를 관리 통치했던 나치 친위대들은 모든 형태의 인간 연대를 붕괴시키는 데에는 기가 막힐 정도로 훌륭했다. 그들은 양심의 문제를 의심스럽고 모호한 것으로 만드는 데 성공했다.

> 만일 한 남자가 친구들을 배신하고 살해할 것인지 아니면 자신이 전적으로 책임지고 있는 아내와 자식들을 죽일 것인지를 선택해야 할 경우, 그리고 그가 자살을 한다고 해도 그의 가족이 직접 살해를 당할 경우, 그는 어떤 결정을 내려야 할까? 이때 선택의 대안은 더 이상 선과 악의 문제가 아니라, 살해와 살해 간의 문제이다. 나치로부터 자신의 세 자녀들 중 누구를 죽일지 선택하도록 종용받았던 그리스의 한 어머니가 처한 도덕적 딜레마를 과연 누가 풀 수 있겠는가? (Arendt 1968: 452)

그러나 여전히 이것이 최악은 아니다. 전체적 지배로 나아가는 세 번째 단계가 있다 그리고 우리는 여기서 근본악의 핵심을 눈 앞에서 보게 된다.

> 도덕적 인격의 살해와 법률적 인격의 말살이 이루어지고 나면, 개성의 파괴는 거의 항상 성공하게 된다. … 개성을 파괴한다는 것은 곧 그가 가진 자원으로부터 새로운 무언가를, 즉 환경과 사건들에 대한 반응에 기초해서 설명할 수 없는 그 어떤 것을 시작할 수 있는 힘인 자발성을 파괴하는 것이기 때문이다. (Arendt 1968: 455)

강제수용소는 과학적으로 통제된 조건 하에서 인간 행동의 표현으로서 자발성 자체를 제거하고, 인간의 인격을 단순한 사물로 변형시키기 위한 공포스러운 실험을 자행하였다. 거기에는 인간 존재들을 "살아 있는 시체"로 변형시키려는 체계적 시도,

즉 인간이면서 동시에 인간이 아닌 존재, 인간이라고 하기에는 거리가 먼 인간들을 가공해 내려는 체계적 시도가 있었다. 이것이 바로 아렌트가 근본악의 정수精髓라고 본 것이며, 이것이 곧 그녀가 잉여 인간으로 만들어 버린다고 표현한 것이 의미하는 바이다. 아렌트는 무젤만*Muselmann*이라 불리는 살아 있는 시체들을 언급한다 — 이는 아우슈비츠의 생존자인 프리모 레비Primo Levi에 의해 생생하게 기술되고 있다.

> 그들의 생명은 짧지만, 그 수는 셀 수 없을 만큼 많다. 익사한 무젤만들이 쌓여 수용소의 기둥을 이루고, 침묵 속에서 행진하고 노동하는 인간이 아닌 익명의 다수는 끊임없이 재생되고 동일화된다. 그들에게는 신성神性의 반짝임도 죽어 버렸고, 이미 너무 공허해서 실제로 고통을 느낄 수조차 없다. 우리는 그들이 살아 있다고 말하기를 주저한다. 우리는 죽음에 직면해서도 아무런 두려움도 느끼지 못하는 그들의 죽음을 죽음이라고 부르기도 어렵다. 그들은 너무 지쳐서 죽음을 이해할 수조차 없다.
>
> 그들은 내 기억 속에 아무 표정 없는 모습으로 남아 있다. 만일 내가 우리 시대의 모든 악을 하나의 이미지로 담을 수 있다면, 나는 내게 익숙한 이 이미지를 선택할 것이다. 고개를 떨어뜨리고 어깨가 구부정한 야윈 한 사람, 그의 얼굴에서도 눈에서도 생각의 흔적이라곤 찾아볼 수 없다. (Levi 1986: 90, 저자 강조)[2]

---

[2] 무젤만에 대한 통찰력 있는 논의는 Giorgio Agamben(1999)을 보라.

아렌트는 『전체주의의 기원*The Origins of Totalitarianism*』에서 근본악을 기술하면서, 특히 어떤 현상 — 인간을 전인全人보다 못한 존재로 체계적으로 변형시키는 현상 — 을 기술하는 데 주안점을 두었다. 그녀는 나치 하수인들의 동기를 철저하게 파헤치지는 않았다. 대신에 그녀는 절대적으로 냉혹하며 체계적인 인간 신체의 파괴에 대해 이야기하고 있다. 이것이 수용소를 관리하던 이들의 분명한 의도였다. 그러나 아렌트가 아돌프 아이히만Adolf Eichmann의 재판에 대한 글을 쓰는 동안에 동기와 의도에 관한 물음이 그녀에게 훨씬 더 큰 문제로 다가오게 된다. 아렌트는 악한 행위를 하는 사람들은 악한 동기와 의도를 가지고 있음에 틀림없다는 우리의 가장 중심적이고 확고한 도덕적 확신과 법률적 확신에 의문을 제기했다. 즉, 그들은 사악하며, 가학적이고, 악의에 차 있다는 확신에 대해 그녀는 의문을 제기했다. 그녀는 아이히만이 그렇게 가학적이고 극악무도한 자가 아니었다고 주장한다. 아이히만은 "무서울 정도로 정상적"이었다. 그는 "자신이 그른 일을 하고 있다는 점을 알거나 느끼는 것이 거의 불가능한 상황에서 범죄를 저지른 새로운 유형의 범죄자"였다(Arendt 1965: 276). 그가 저지른 **행동들**은 끔찍했지만, 그리고 그는 교수형에 처해야 마땅했지만, 그의 동기와 의도는 지극히 평범했다는 것이다. 아렌트가 말한 "악의 평범성"의 의미를 가장 명료하게 설명한 것 중 하나는 그녀가 1971년에 행한 「사유와 도덕적 고려들」이라는 강연에서 찾을 수 있다.

몇 해 전 나는 예루살렘에서 아이히만의 재판을 보고하면서 "악의 평범성"을 언급하였는데, 이는 어떤 이론이나 이념이 아닌 상당히 사실적인 것으로서, 거대한 규모로 자행된 악한 행위들의 현상을 의미하는 것이었다. 즉, 그것은 개인적 성격이 기이하다 할 만큼 천박한 행위자의 내면의 사악함이나 병적인 문제 또는 이데올로기적 확신과 같은 그 어떤 특징으로 추적할 수 없는 악한 행위들이었다. 행위자가 아무리 극악무도한 행위들을 저질렀다고 할지라도, 그는 괴물도 아니었고, 악마도 아니었다. 우리가 그의 과거를 통해서 그리고 과거 경찰 조사와 재판에서 보여 준 그의 행동에서 찾아볼 수 있는 특이한 점은 전적으로 소극적인 것이었다. 그것은 어리석음이 아니라, 생각하지 못하는 무능함, 이상하긴 하지만 진정한 무능함이었다. (Arendt 1971: 417)

수전 네이먼은 『예루살렘의 아이히만*Eichmann in Jerusalem*』이 우리 시대의 악을 이해하는 데 중요한 공헌을 한 이유 — 그리고 그것이 아직도 그렇게 논쟁의 대상이 되는 이유를 다음과 같이 요약하고 있다.

아우슈비츠는 의도에 관한 지난 두 세기의 현대적 가정들을 논박하는 악을 구현하고 있다.
 기존의 가정들은 악과 악한 의도를 철저하게 동일시한다. 그래서 보통 후자를 부정하는 것이 전자를 부정하는 한 방법이라고 생각한다. 우리는 행위자들이 악한 의도 없이 범하는 그름에 대해서 그들에게 책임을 지울 수 있지만, 대체로 그것은 범죄적 태만의 문제로 간주된다. 이를 달리 말하면, 특정 행위에서 범죄적 의도가 있음을 거부하는 자는 범죄에서 무고함이 입증되는 것으로 받아들여진다. 이것이 악의 문제에 대한 20세기의 가장 중요한 철학적 공헌인 아렌트의 『예루살렘의 아이히만』을 둘러싼 열광적인 유행의 근원이다. 대부분의 독자들이 죄는 악의와 계획을 요구한다고 확신했기 때문에, 아렌트가 악의와 계획을 거부했다는 이유로, 그녀가 죄를 부정했다는 결론을 내리기도 한다. 그러나 아렌트는 아이히만이 유죄라는 점을 여러 차례에 걸쳐 밝혔고, 그는 사형에 처해져야 한다고 확신하였다. 아렌트의 주요 논지는 아이히만의 악의 없는 의도가 그의 책임을 경감시키지는 않는다는 데 있었다. (Neiman 2004: 271-2)

역사가들은 아렌트가 그린 아이히만의 모습이 정확한 사실인지에 대해 많은 의문을 제기해 왔다. 하지만 이것이 평범한 동기와 의도를 지닌 보통 사람들도 끔찍한 범죄를 저지르고 악한 일을 할 수 있다는 그녀의 주요 논지의 의미를 희석시키지는 않는다.[3] 악한 의도가 없었다고 해도, 그들은 자신들의 행위에 대해 분명히 책임이 있다. 더욱이, 아렌트의 다음의 경고는 오늘

---

[3]. 크리스토퍼 브라우닝Christopher R. Browning은 많은 역사가들의 판단을 다음과 같이 요약하고 있다. "나는 아렌트의 '악의 평범성' 개념이 홀로코스트의 범죄자들 중 많은 이들을 위한 매우 중요한 통찰이라고 생각한다. 그러나 아이히만은 아니다. 아렌트는 아이히만의 자기 연출 전략에 속은 것이다. 부분적으로 그 이유는 무고한 척 연출을 하는 범죄자들이 너무나 많았기 때문이다" (2003: 3-4).

날의 우리에게도 시사하는 바가 있다. "그 문제에 대한 슬픈 진실은 대부분의 악이 악한 사람이나 선한 사람이 되겠다거나 또는 악한 일이나 선한 일을 하겠다는 결심을 해본 적도 없는 사람들에 의해 행해진다는 점이다"(Arendt 1977b: 180).

아우슈비츠는 나치 체제의 악의 전형이었다. 그러나 불행하게도 그것은 20세기에 일어난 ― 그리고 21세기에도 계속 발생하고 있는 ― 수많은 대량 학살 중의 하나에 불과하다. 대량 학살은 "이제 그만"이라는 슬로건에도 불구하고, 세계 도처에서 계속 발발하고 있다. 그 각각은 상황, 방법, 성격 등에서 다 다르지만, 모두 악의 새로운 징후들을 제시한다. 악에는 변화무쌍한 성질이 있다. 그것은 그 모양을 달리하면서 새로운 형태를 취한다. 이것이 우리가 악을 정의하거나 특징짓기 어려운 이유이다. 정말로 놀라운 것은, 어떤 새로운 악이 소개되면, 그것이 다시 일어날 수 있는 [악의] 전례가 된다는 것이다.

악을 파악하기 위한 역사적인 시도들을 살펴볼 때, 거기에는 두드러진 한 가지 특징이 있다. 악을 대면하는 것은 사유를 불러일으킨다. 성 아우구스티누스는 자애로운 신에 대한 그의 확고한 믿음과 악의 현상을 화해시키기 위해서 그 자신의 모든 상상력, 감정 능력, 그리고 지적 능력을 이끌어 낸다. 라이프니츠는 모든 것이 왜 최선의 것을 위해 일어나는지를 합리적으로 설명할 수 있으려면 새로운 이론 ― 신정론 ― 이 요구된다고 생각했다. 셰익스피어는 이아고Iago, 맥베스 부인, 그리고 리처드 3세와 같은 등장인물들이 보이는 악의 도덕적 심리의 복잡함을 탐구하였다. 그러나 도스토예프스키의 소설에 등장하는 인물보다 더 눈부시게 악에 관한 물음을 제기한 이는 없다. 또한나 아렌트는 20세기의 악과 새롭게 대면하기를 계속해서 반복하였다.

그러나 이와 다른 무언가가 9/11에 일어났다. 우리의 정치인들과 언론 매체들은 밤새도록(말 그대로이다) 악에 관하여 방영했다. 우리는 악에 관한 헤드라인과 악을 드러내는 사진들 — 세계무역센터 빌딩이 무너지는 TV 화면의 반복에서부터 오사마 빈 라덴과 사담 후세인의 비열한 얼굴에 이르기까지 — 의 홍수에 갇혀 있었다. 갑자기 세상은 간단히 양편 — 우리를 파괴하려는 악한 이들과 악에 맞서 전쟁에 돌입하려는 이들 — 으로 나누어졌다. 최근 역사에서는 정치인들이 — 특히 미국에서 — 유권자들로부터 지지를 얻어내기 위해서 선과 악의 은유를 사용해 온 적이 여러 번 있었다. 로널드 레이건은 소련을 "악의 제국"이라 불렀다. 그러나 레이건은 이러한 은유적 표현에도 불구하고 고르바초프가 크렘린의 지도자가 되자 외교적 협상에서는 유연한 실용적 입장을 취했다. 9/11 이후 악에 관한 논의에서 방해가 되는 것은 바로 그 경직성과 대중적 호소에 있다. 우리가 악이라는 말로 진정 무엇을 의미하고자 하는지 잠시 멈춰서 묻고자 하는 이는 거의 없다. 우리는 우리의 적들에게 "악"하다는 이름을 갖다 붙이면서 무엇을 말하고 있는 것인가? 그리고 정확히 누가 우리의 적인가? 그것은 자명한 것으로 가정될 뿐이다. 언제든지 그리고 어디든지 공격을 가할 수 있는 테러리즘의 예측 불가능한 위협에서 오는 공포와 불안이 존재하는 세계에서 적을 "악"이라고 이름 붙이는 것은 심리적으로 위안을 준다.

나는 이와 같이 새롭게 유행하고 있는 선과 악에 관한 담론의 대중성을 살펴보고자 한다. 나는 그것이 악의 남용 — 위험한 남용 — 을 나타낸다고 주장할 것이다. 그것이 남용인 이유는 악에 대한 언급이 우리를 질문과 사유로 이끄는 대신에 사유를 방해하는 데 이용되고 있기 때문이다. 선과 악의 새로운 담론은 뉘앙스와 미묘함과 신중한 분별을 결여하고 있다. 소위 "테러와의 전쟁"에서 뉘앙스와 미묘함은 주저함과 나약함과 우유부단함의 징표로 잘못 이해되고 있다. 그러나 우리가 정치에는 판단과 세련된 외교 그리고 신중한 분별이 요구된다고 생각한다면, 절대 악에 대한 이러한 언급은 대단히 반反-정치적이다. 한나 아렌트가 지적했듯이, "절대적인 것이… 정치적 영역에 도입되면, 그것은 모든 이에게 운명이 된다"(Arendt 1963: 79). 악과 "악의 축"에 대한 우리의 선언은 악한 무리를 제거하겠노라는 지하드의 광신적인 언사와 잘 들어맞는다. 내가 서론의 모두冒頭에서 두 번째로 인용했던 문구를 살펴보자. 만일 우리가 "미국"을 "모크타다 알-사드르와 그의 군사적 지지자들"이란 문구로 대체하고, "자랑스러운 이라크 국민들"을 "자랑스러운 미국 국민들"로 대체한다면, 우리는 워싱턴에서 익히 들어온 유형의 문장과 만나게 된다. "모크타다 알-사드르와 그의 군사적 지지자들은 그들의 악한 의도를 보여 주었으며, 자랑스러운 미국 국민들은 결코 이를 용납할 수 없습니다."

9/11 이전에 많은 근본주의자들과 보수적인 기독교 복음주의자들은 이슬람을 비난함에 있어서 신중함을 드러냈다. 그러나 9/11 이후로 상황은 달라졌다. 빌리 그레이엄의 아들이자 그의 교회 상속자인 프랭클린 그레이엄Franklin Graham은 이슬람을 "사악하고 악한 종교"라고 선언하였다. 이것은 기독교와 유대교를 악한 종교로 보는 이슬람 근본주의자들의 비난 연설과 잘 들어맞는 선동적인 유형의 표현이다.

서맨서 파워Samantha Power는 최근에 한나 아렌트에 대한 논평에서 악에 대한 보다 신중한 반응과 새로운 강경한 흑(악)·백(선) 논리를 대조하면서 간결하고 설득력 있게 기술하고 있다.

> 아렌트는 전체주의를 표현하기 위해서 "근본악"이란 문구를 사용했는데, 이 생각이 계속 회자되고 있다. 그러나 그녀는 그런 식의 명명이 그녀 스스로 그 악의 근원을 파헤치는 것을 방해하지 못하도록 한 데 반해서, 오늘날 덜 세심한 지성인들은 그 개념에 호소해서 자신들의 대응에 대한 비판을 잠재우려 하고 있다. (누가 악과의 싸움에 반대할 수 있단 말인가?)
>
> 그러나 흑백논리 이면에 숨어 있는 것이 단지 도덕적인 또는 인식론적인 이유에서만 미심쩍은 것은 아니다. 그것은 우리의 이해를 막기 위해 눈을 가리고, 그리하여 우리가 지금 알지 못하고 두려워하는 것을 예방하고 극복할 수 있는 우리의 장기적인 능력을 약화시킨다는 점에서 하나의 실천적인 문제를 제기한다. "악"은 근본적이든 평범하든 간에 대부분 상상력의 부재를 동반한다. 테러리즘은 전사들

과 동조자들을 구별하고 전향자를 최소한으로 줄이고자 하는 복잡하고도 정교한 노력을 요구한다는 점에서 하나의 위협이다. 또한 테러리즘은 우리의 과거 정책이 어떻게 그렇게 악의에 찬 원한을 야기했는지에 대한 이해를 요구한다. (Power 2004: 37)

우리는 세계를 악의 세력과 선의 세력으로 양분하는 멘탈리티를 탐구하고, 그 근원과 호소력을 이해할 필요가 있다. 왜냐하면 이것은 오늘날 할리우드에서 워싱턴까지 미국 문화에 널리 퍼져 있는 관점이기 때문이다. 그러나 그것은 고대의 그노시스주의Gnosticism와 마니교로까지 거슬러 올라가는 훨씬 오랜 역사를 지니고 있다. 이와 분명한 대립 위치에 서 있는 멘탈리티는 보다 열려 있고 오류 가능하며, 우연의 예측 불가능성에 대해 확고한 감각을 가지고 있다 — 그것은 구체적인 악들에 대한 단호한 저항과 더불어 질문과 탐구를 요구하는 관점이다. 그것은 단순하고 선명한 대조와 반대 논리가 대단히 호소력 있다고 생각하는 이들이 자주 내놓는 주장의 오류를 폭로하고, 이에 도전하고 싶어 한다. 이 새로운 "악"의 담론을 옹호하는 사람들은 선과 악에 대한 확고하고도 분명한 이해를 대신할 수 있는 유일한 대안은 악에 반대하고 악을 제거하겠노라는 진지한 결심이 없는 맥 빠진 (세속적) 상대주의밖에 없다고 주장한다. 이것은 많은 신-보수주의자들이 그들의 정치적 적을 묘사하는 방식이다. 그들은 나약하고 우유부단하다. 그들에게는 도덕적 확신, 실재론, 확고함, 그리고 적과 싸우고 적을 없애기 위해 요구되는 바를 실천하려는 열정이 없다. 만일 우리가 "도덕적 확실성"을 포기하게 되면 우리의 적과 대항할 수 있는 중추를 상실하게 될 것이다. 이런 것들이 우리가 신-보수주의자들로부터 듣고 있는 소리이다. 니체는 "형이상학적 위안"에 대한 갈망에 대해 말한 바 있다. 이것이 의미하는 바는, 우리가 우리의 도덕적 확신을 위한 확고하고도 절대적으로 확실한 토대를 가지고 있다고 생각하게끔 우리 스스로를 기만할 때 생겨나는 거만과 자기 독선 — 거짓 안전감 — 이다. 그러나 우리는 "형이상학적 위안" 없이 사는 것, 즉 예측 불가능한 우연들에 대한 현실적인 감각을 가지고 살면서 동시에 구체적인 악을 이해하고 그것에 저항하고 투쟁하며, 부정의에 반대하는 데 열정적으로 헌신하는 것을 배울 수 있다(또 그래야만 한다). 선과 악에 관한 새로운 피상적 담론에 의문을 제기하기 위해서는 이제껏 거의 비판적으로 검토되지 않은 것의 토대 — 이 멘탈리티를 특징짓는 이원론적 관점 — 를 파고 들어갈 필요가 있다. 또한 그것을 위해서는 이 새로운 담론의 옹호자들이 전제하고 있는 참으로 유해한 가정들 중 하나에 의문을 제기할 필요가 있다. 이것은, 확고한 도덕적 확신과 행동은 도덕적 확실성과 절대성에 의존한다는 가정이다.

  이제 내가 비판하려고 하는 바를 명료하게 밝히도록 하겠다. 우리는 완전히 정당한 방식으로 "확실성"에 곧잘 호소하곤 한다. 만일 내가 '어제 존을 보았는가'라는 질문을 받고, 나는 "그를 보았다고 절대적으로 확신한다"고 답을 했다고 하자. 그러나 만일 내가 존이 실제로 어제 다른 도시에 있었다는 것을 알게 된다면, 나는 주저하지 않고 내가 틀렸음을 시인할 것이다. "확실성certainty"이라는 말은 우리의 확신certitude, 즉 어떤 일이 그러저러하다는 주관적인 개인적 신념을 표현하기 위해서 사용된다. 그러나 이러한 확신의 주관적인 느낌에서 확실성의 객관적인 느낌으로 비약하는 경우가 너무나도 자주 있다 ― 이 경우, 우리는 우리의 개인적 신념의 강도가 우리가 주장하는 바의 객관적인 진리를 정당화하기에 충분한 것처럼 행동한다. 주관적인 확신 또는 개인적인 신념 그 자체로는 객관적 진리를 정당화하기에 결코 충분하지 않다. 내가 비판하려고 하는 멘탈리티는 자신의 확신과 자신의 진지한 신념의 깊이를 단언하는 것만으로 객관적인 확실성 주장을 정당화하기에 충분하다고 생각하는 입장이다.

절대성에 대한 호소가 완전히 정당화될 수 있는 경우도 있다. 많은 종교인들이 신을 그들의 절대자로서 의지한다. 그러나 신앙인에게 절대자가 의미하는 바가 무엇이냐고 묻는 것은 언제나 적절한 질문이다. 그는 절대자라 부르는 것에 대해 어떻게 이해하고 있는가? 일단 절대성에 대한 모든 호소에는 이해와 해석이 요구된다는 점을 인지한다면, 누군가의 주장의 적합성과 참 여부에 대한 비판적 성찰은 열려 있게 된다. 우리는 윌프리드 셀라즈Wilfrid Sellars가 "이성의 논리적 공간"이라 부른 바를 떠올리게 된다. 이는 이유를 요구하고 이유를 제시하는 것으로서, 여기에는 **종교적 이유**도 포함될 수 있다. 그러나 이 공간에 들어가기를 거부하는 이들이 있다. 그들은 더 이상의 정당화,

논의, 또는 이해가 필요하다고 생각하지 않는다. 여기서 내 요점을 보다 기교적으로 밝히자면, 나는 어떤 자기 확증적인 인식론적 삽화 — 단순히 그런 삽화를 지니는 것만으로도 진정한 지식을 포함하는 삽화 — 가 존재한다는 점을 부인한다. 이것이 셀라즈가 "소여의 신화the myth of the given"라고 부른 것이다(Sellars 1963: 140).

끝으로, 나는 엄밀한 이원론적 멘탈리티 — 세계를 "선의 세력"과 어두운 "악의 세력"으로 갈라놓는 멘탈리티 — 에 도전하려는 것이지, 엄밀한 구분의 중요성에 의문을 제기하려는 것은 아니다. 우리는 엄밀한 구분을 하지 않고서는 세계 안에서 사유하거나 행동할 수 없다. 때때로 우리는 친구와 적을 분명히 구분할 필요가 있다. 그러나 거기에는 복잡한 이슈들을 모호하게 하는 방식으로 구분이 구체화되고 경직될 수 있는 위험이 있다. 이러한 위험이 바로 9/11 이후의 선과 악에 대한 대중적인 이분법에서 나타났다. 나는 다음과 같은 『9/11 위원회 보고서』에 동의한다. "적은 단순한 '테러리즘'이 아니라, 모종의 총체적 악이다. 이러한 애매함이 전략을 흐린다. 역사상 이 시점에서의 재앙적 위협은 더 특수하다. 그것은 이슬람주의적 테러리즘 — 특히 알카에다 네트워크, 그 동맹들, 그 이데올로기 — 의 위협이다"(p. 362). 요약하면, 나의 의도는 객관적 확실성, 절대성, 그리고 엄밀한 이원론에 대한 무비판적인 또는 비성찰적인 호소를 비판하려는 데 있다.

또한 우리는 선과 악의 이 새로운 담론과 정치 및 종교와의 관계를 더 살펴볼 필요가 있다. 나는 이것이 반정치적이라는 생각을 이미 밝혔다. 절대성에의 호소는 정치에서는 거의 재앙에 가깝다. 그러나 이것은 종교와 도덕에 대해서도 문제를 낳는다. 선과 악에 관한 대중적인 담론에는 — 특히 미국에서 — 종교적 경건함의 기운이 가득하다. 세계를 선과 악으로 나누는 것에 대한 정당화는 근본적인 종교적 믿음(기독교)에 의해 뒷받침된다고 여겨지는 것이 보통이다. 전능한 신은 확고한 도덕적 신념들의 근원이자 정당화의 근거로 인식된다. 또한 거기에는 도덕에 대한 철학적 이해와 널리 퍼져 있는 대중적 견해 사이에 불일치와 부조화가 존재한다. 철학자들은 도덕의 정당화 문제와 관련하여, 우리의 도덕 — 옳고 그름 또는 선과 악에 대한 우리의 생각 — 은 자율적이라고 말할 수도 있을 것이다. 도덕적 신념을 정당화하거나 보장하기 위해서 꼭 종교에 호소할 필요는 없다. 그들은 (서구) 근대성의 위대한 업적은 바로 도덕과 종교를 구분한 데 있다고 말할 수도 있을 것이다. 그러나 이것은 많은 종교인들이 널리 받아들이는 견해가 아니다. 그들은 도덕의 근원과 정당화는 바로 그들의 종교에 있다고 믿는다. 성경에 의하면, 하느님이 시나이 산에서 모세에게 십계명을 주었다고 한다. 서양의 종교는 일반적으로 유대 기독교 전통을 의미한다. 그러나 이슬람교도들은 당연히 모든 도덕의 근원이 알라신에게 있다고 믿는다. 그들이 성전聖戰 또는 지하드jihad라고 말할 때, 그것은 악한 무리들에 맞서 싸우는, 신에 의해 정당화되는 종교 전쟁이다.

기독교, 유대교, 또는 이슬람교의 진정한 선악관에 대해 말하는 것은 합당한 것인가? 하느님 또는 알라신에게 의존하는 많은 신앙인들은 여기에 그 어떠한 애매함이나 불확실성이 존재한다고 생각하지 않는다. 나는 단일한 **종교적** 선악관은 존재하지 않는다고 주장할 것이다. 더 나아가 **통일된** 기독교의 선악관이나 유대교의 선악관 또는 이슬람교의 선악관도 존재하지 않는다고 주장할 것이다. 더 자세히 말하면, 현존하는 종교 전통들은 풍부하고, 복잡하며, 역사적 변화를 경험한다. 그것들은 선과 악에 관하여 경쟁적이고, 심지어 모순되는 상이한 역사적 개념들을 포함하고 있다. 예를 들면, 오늘날의 기독교인들은 스페인의 종교재판에서 고문이 "종교적"으로 정당화된 것을 비난한다. 오늘날 우리는 이것을 "참된" 기독교를 왜곡한 것으로 — 완전히 비기독교적인 것으로 — 비난한다. 교황 요한 바오로 2세는 고문을 **본래적 악**intrinsic evil이라고 강력히 비난하였다. 우리가 그 변화하는 역사적 특징을 제대로 이해하지 못하게 될 때, 우리는 종교적 전통들을 왜곡하고 또한 그것을 해치게 된다. 따라서 우리는 모든 형태의 종교적 구현물이나 **본질주의**essentialism를 경계하고 또 이에 극도로 회의적이어야 한다. 세계 종교들을 살펴보면, 우리는 곧 이들 전통에 내재하는 경쟁적인 선악관들이 있음을 볼 수 있다. 우리는 자신의 종교적 신념이 자신의 도덕적 확실성에 분명하고도 단일한 정당화를 제시한다고 생각하면서 자신의 종교적 신념에 호소하는 사람들에 대해서 비판적이어야 한다. 이것이 세계 종교들에는 도덕적 내용이 없다는 것을 의미하는 것은 아니다. 오히려 이것은 종교적 교의에 대한 해석과 질문이 항상 요구된다는 점을 의미한다. 나는 우리가 오늘날 종교적 언어들로 포장된 선과 악에 관한 대중적인 담론의 정체를 밝혀낸다면, 결국 그러한 선악의 담론들이 반-종교적이라는 것이 밝혀질 것임을 보여 주고자 한다. 그러한 담론은 현존하는 세계 종교들에서 최선의 것, 그리고 가장 중요한 것을 모독하고 있다.

내가 주목하고 있는 싸움은 확고한 도덕적 맹세를 하고 있는 종교인들과 확신을 결여한 세속적 상대주의자들 사이의 싸움이 아니다. 그것은 이른바 종교/세속의 구분을 넘어서는 싸움이다. 그것은 확고부동한 도덕적 절대성이 호소력 있다고 생각하는 이들, 뉘앙스와 미묘함은 우유부단함을 가장한 것이라고 생각하는 이들, 자신들의 이데올로기적 편견을 종교적 경건함의 언어로 포장하는 이들과, 더 열려 있고 오류 가능한 멘탈리티 — 절대적 확실성에 대한 탐구는 삼가는 멘탈리티 — 로 삶에 접근하는 이들 간의 싸움이다. 그러한 멘탈리티는 단순히 종교적 지향과 양립 가능한 것이 아니라, 종교적 전통을 계속 살리면서 그것을 새로운 상황과 우연적 사건들에 적합하게 유지하기 위해서 반드시 필요한 것이다. 우리가 오늘날 직면하고 있는 것은 문명의 충돌이 아니라, **멘탈리티의 충돌**이다. 그리고 이 충돌은 우리가 일상의 삶을 어떻게 살 것인가 — 우리의 도덕, 정치, 종교 — 에 대해서 중요한 **실천적** 결과를 낳는다.

1. 멘탈리티의 충돌
절대적인 것에 대한 열망 대 실용주의적 가류주의

서론에서 나는 멘탈리티의 충돌에 대해 언급하였다. 이 장에서 나는 그것이 의미하는 바가 무엇인지, 그리고 왜 내가 이러한 충돌이 중요하다고 생각하는지를 설명하고자 한다. 내가 말하는 멘탈리티는 우리가 세계 안에서 접근하고 이해하며 행위하는 방식을 조건짓는 하나의 일반적인 지향 — 마음의 성향 또는 사고방식 — 을 의미한다. 그것은 우리의 지적, 실천적, 정서적 삶을 만들어 가고 또 그것들에 의해 만들어진다. 멘탈리티의 구체적인 역사적 형태는 다양할 수 있다. 우리가 멘탈리티와 맞닥뜨리는 것은 결코 추상 속에서가 아니라 하나의 특수한 역사적 표현물을 통해서이다. 우리는 멘탈리티의 특수한 역사적 표현물을 완전히 이해하기 위해서 그것의 맥락, 구별되는 특징 그리고 그 근원을 알 필요가 있다. 우리는 어떤 멘탈리티의 특수한 역사적 표현물을 그와 동일한 또는 유사한 멘탈리티들의 다른 역사적 사례들과 견주어서 그것의 유사성(과 차이점)을 이해할 수 있다. 그러나 그렇다고 할지라도 우리는 그 멘탈리티의 역사적 특수성에 세심한 주의를 기울일 필요가 있다. 또한 멘탈리티는 역사의 서로 다른 단계에서 발생하고, 그 구체적인 표현물들은 사라질 수 있다. 따라서 우리는 그것들이 어떤 시기에 왜 일어나고, 또 왜 사라져 가는지를 탐구할 필요가 있다. 나는 19세기 후반과 20세기 초반의 미국의 모습에 지대한 영향을 미친 하나의 구체적인 역사적 사례를 가지고 이 탐구를 시작하고자 한다. 나는 먼저 내가 실용주의적 가류주의pragmatic fallibilism라고 부르는 중요한 사례를 검토한 후, 다음 장에서 그것의 보다 일반적인 의의 및 우리의 현 상황과 그것의 관련성을 성찰할 것이다.

몇 년 전, 루이스 메넌드Louis Menand는 『형이상학 클럽: 미국의 사상론The Metaphysical Club: A Story of Ideas in America』이란 제목의 흥미진진한 책을 발간하였다. 이 책은 미국 실용주의pragmatism의 역사를 탐구하고, 미국 역사의 맥락 안에서 이 운동의 위상을 조망하고 있다. ('형이상학 클럽'은 1870년대에 매사추세츠 주 케임브리지에서 당시 지성인들이 철학적 주제들을 토론하기 위해 가졌던 비공식적 토론 그룹이다.) 철학 운동으로서 실용주의는 미국에서 남북전쟁 직후에 발생하였다. 그 당시는 연구 대학의 이념 ― 독일 대학이 그 모델이 됨 ― 이 미국 전역에서 주목을 끌던 시기였다. 남북전쟁 이전의 사립 고등교육기관들은 대부분 다양한 종교 기관이 설립한 대학들이었다. 이 대학들은 연구에 참여하기보다는 시민들과 성직자들을 교육시키는 데 그 일차적인 목적이 있었다. 그러나 19세기 후반부에 자연과학, 사회 관련 학문, 인문학에서 독립적 학문이 융성하였다. 바로 이 시기에 미국 사상가들은 그들만의 철학적 지향을 발전시켜 나갔다.

윌리엄 제임스William James는 1898년 UC 버클리에서 있었던 그의 유명한 강연에서 "프래그머티즘pragmatism"이란 표현을 처음 대중화시켰다. 제임스는 「철학적 개념과 실천적 결과」라는 강연에서 자신이 "가장 독창적인 이 시대의 사상가들 중 한 사람"인 퍼스Charles S. Peirce에게 의지하고 있음을 인정했다. 그리고 제임스는 "실천주의practicalism 또는 실용주의의 원리"에 대해서 언급한다 — 제임스가 1870년대 초반에 케임브리지에서 퍼스가 실천주의의 원리를 설명하는 것을 처음 들었을 당시에 퍼스는 실천주의를 실용주의라고 불렀다(James 1977: 348). 제임스는 퍼스가 실용주의의 원리에 대해 토론하는 것을 형이상학 클럽에서 처음 보았다. 제임스는 "퍼스의 원리"를 다음과 같이 은유적으로 소개한다. "사유의 정신과 의미는, 그에 의하면, 신념의 생산 이외의 그 어떤 것도 지향할 수 없다. 여기서 신념은 우리의 지적인 삶의 심포니에서 악구를 종결짓는 마침표와도 같다." 제임스에 의하면, "신념은 곧 행위의 규칙이며, 사유의 전체 기능은 행위의 습관들을 생산하기 위한 첫걸음일 뿐이다"(James 1977: 348). 퍼스는 1898년 당시에는 철학자로서 (제임스와 같이 그를 존경한 소그룹을 제외하고는) 거의 알려져 있지 않았다. 하버드의 유명한 수학자의 아들로 태어난 퍼스는 과학자이면서 동시에 논리학자였지만, 그의 지적 호기심은 인문학의 전 영역으로 뻗어 나갔다. 제임스의 프래그머티즘이 대중적으로 퍼져 나가자, 퍼스는 대단히 불쾌해하고 격분해서 자기 자신의 의미 이론에 "누구도 그 이름을 차용할 생각을 하지 못할 만큼 생경한 '프래그머티시즘pragmaticism'"이라는 이름을 다시 붙이기에 이르렀다(Peirce 1931-5: 5. 414). 프래그머티즘은 제임스의 퍼스에 대한 오해에서 비롯된 운동이라는 유명한 말이 있다. 퍼스와 제임스는 가끔 그들의 우정이 소용돌이치기도 하였지만, 그래도 그들은 평생 친구였다. 형이상학 클럽의 토론에 참가했던 케임브리지 서클의 또 다른 젊은 회원은 올리버 웬델 홈즈 2세Oliver Wendell Holmes, Jr.이다. 그는 훗날 미국 연방 대법원의 가장 유명한 판사 중 한 사람이 되었다. 1859년(다윈의 『종의 기원』이 출간된 해)에 태어난 존 듀이는 제임스보다 20살 연하였다. 그의 출신 배경은 케임브리지 지성인들과는 아주 달랐다. 그는 버몬트 주 벌링턴에서 상점 주인의 아들로 태어났고, 버몬트 대학에서 수학하였다. 듀이는 신설 대학인 존스 홉킨스 대학에서 박사학위를 받은 최초의 미국 철학자들 중 한 사람이었다. 퍼스는 듀이가 대학원생이던 시절 존스 홉킨스에서 그를 잠깐 가르친 적이 있었다. 듀이가 1890년에 시카고 대학의 교수진으로 합류했을 때, 그는 이미 제임스의 대단한 추종자였다. 듀이는 제임스의 최고 걸작인 『심리학의 원리The Principles *of Psychology*』가 자신의 지적 발달에 중대한 영향을 미쳤노라고 밝힌 바 있다. 그리고 제임스 역시 듀이를 중심으로 한 "시카고학파"가 발전시킨 철학적 지향에 대해 대단히 열광하였다. 듀이는 자신의 가장 중요한 저술들 중 하나인 『경험과 자연 *Experience and Nature*』에서 홈즈를 "우리의 가장 위대한 철학자들 중 한 사람"이라고 극찬하였고, 홈즈의 "자연법"에 대한 논문의 긴 단락을 인용하였다. 홈즈는 『경험과 자연』이 경험과 실존에 대한 개념을 자신과 공유하는 책이라고 호평하였다. 홈즈는 그 특유의 매력적인 위트로 이렇게 적고 있다. "듀이의 책이 믿을 수 없을 만큼 형편없이 쓰이긴 했지만, 내게… 그것은 그 무엇도 필적하기 어려울 정도로 모든 것에 통달해 있다는 느낌이 든다. 따라서 내 생각에는, 만약 신이 표현하고자 하는 간절한 열망을 가지고 있으면서도 다소 모호하게 표현할 수밖에 없다면, 신도 나처럼 말했을 것이다"(Menand 2001: 437에서 인용).

메넌드의 주된 공헌 중의 하나는 실용주의 운동이 한 나라를 갈라놓은 남북전쟁의 공포와 난폭함에 대한 비판적 반응에서 기원했음을 보여 준 것이다. 메넌드는 많은 현대 사상가들을 다루면서도 특히 올리버 웬델 홈즈 2세, 윌리엄 제임스, 찰스 퍼스, 존 듀이, 이 네 사람을 집중적으로 다룬다. 메넌드는 이 네 사람이 미친 영향에 관하여 대담하게 다음과 같이 주장하고 있다.

> 그들의 사상은 미국인들이 교육, 민주주의, 자유, 정의 그리고 관용에 대해 사유하는 방식을 변화시켰다. 그 결과, 그들은 미국인들이 사

는 방식 — 그들의 학습하는 방식, 자신의 견해를 표현하는 방식, 자신을 이해하는 방식, 자신과 다른 이들을 대우하는 방식 — 을 변화시켰다. 우리는 이 사상가들의 도움을 상당히 많이 받은 이 나라에서 살고 있다. (Menand 2001: p, xi)

서로 다른 이 사상가들을 하나로 묶어 주는 끈은 무엇일까? 메넌드는 그들이 관념ideas에 대해 공통된 태도를 공유하고 있다고 주장한다.

그 태도라는 것은 무엇이었나? 우리가 개인적이든 철학적이든 그들이 서로 갖는 차이점들을 걸러내고 나면, 우리는 이 네 사상가의 공통점은 일단의 관념들이 아니라 단일한 관념 — 관념들에 대한 관념 — 이라고 말할 수 있다. 그들은 모두, 관념은 발견되기를 기다리면서 "저기 밖에" 있는 것이 아니라, 도구… 사람들이 자기들이 처한 세계에 대처하기 위해 고안한 도구라고 믿었다. 그들은 관념이란 그 자체의 어떤 내적 논리에 따라 발전하는 것이 아니라, 마치 세균과 같이 인간의 업무와 환경에 전적으로 의존하고 있는 것이라고 믿었다. 또한 그들은 관념이란 특수한 상황에 대한 임시적 반응이어서 그것의 생존 여부는 불변성이 아닌 적응성에 달려 있다고 믿었다. (Menand 2001: p. xi)

이 "단일한 관념"은 지적 진공 상태에서 발전하지 않았다. 그것은 미국 남북전쟁의 폭력적인 극단주의에 대한 반응으로 등장하였다. 이 사상가들은 확고한 반대 세력, 적대 세력들이 각자 확신하고 있는 그들의 대의의 정당함에 대한 절대적 확실성, 자신들과 반대되는 신념을 가진 이들에 대한 완전한 불관용 — 때로는 같은 가족끼리도 서로 맞서게 하는 그런 불관용 — 에 반대하였다. 이 경직된 멘탈리티가 유혈 폭력을 일으켰다. 그것은 뚜렷한 반대들이 존재하는, 타협이나 협상의 가능성은 전혀 없이 흑백만 존재하는 세계의 멘탈리티이다. 홈즈는 남북전쟁에 참전하여 여러 번 심각한 부상을 입었다. 제임스의 형제는 전쟁에서 거의 죽다 살아났다. 전쟁 당시 듀이는 어린아이였지만, 그의 아버지는 전쟁에 나가 싸웠다. (그러나 퍼스는 징병을 두려워하였는데, 그의 아버지의 영향력으로, 미국 해안 측량단에 자리를 얻으면서 강제 징집을 용케 모면할 수 있었다.) 그러나 남북전쟁의 그 의식이 하나의 온전한 세대를 형성하였다. 메넌드의 논제에 따르면, 실용주의 사상가들은 모든 형태의 절대주의, 강경한 이항 대립, 폭력적인 극단주의를 피할 수 있는 보다 융통성 있고, 개방적이고, 실험적이며, 오류 가능한 사고방식을 발전시키는 일에 앞장섰다. 그들은 개인적으로 또 집단적으로 이 일을 함으로써 미국인들이 사고하고 행위하는 방식을 재형성하는 데 일조하였다.

나는 실용주의 운동의 역사적 상황 맥락에 접근하는 메넌드의 방식이 본질적으로 옳았다고 생각한다. 우리는 철학자들이 역사로부터 완전히 격리되어 있다고 생각하는 경향이 있다 — 마치 그들이 수세기를 넘나들면서 서로 시간을 초월한 대화를 하고 있을 뿐인 것처럼 생각한다. 이런 식으로 철학을 정형화한 철학자들도 있어 왔다. 그러나 실용주의 사상가들은 이와 같은 반역사적인 철학관을 거부하였다. 그 예로 듀이는, 철학은 당대의 가장 뿌리 깊은 갈등에 대해 응답한다(또 그래야 한다)고 항상 주장하였다. 메넌드는 철학적 사색의 문화적 뿌리에 대한 듀이 자신의 이해를 반영하는 그런 유형의 지성사를 저술해 왔다. 그리고 그는 미국적 삶의 멘탈리티를 재형성하는 데 있어서 이 운동의 역할에 대해 훨씬 더 극적이고 생생한 이해를 제시한다. 메넌드의 접근 방식이 갖는 장점은 또 있다. 메넌드의 접근 방법을 통해서 우리는 실용주의자들이 절대주의를 비판적으로 공격하고 확실성의 탐구가 갖는 오류를 폭로하면서, 그리고 환원 불가능한 우연과 우발성이 존재하는 열린 우주를 옹호하면서, 그들이 전적으로 추상적인 형이상학적 주제들과 인식론적 주제들에만 관심을 둔 것은 아니라는 것을 알 수 있다. 그들은 보통 사람들이 일상생활에서 마주치는 윤리적, 정치적, 실천적 문제들을 이야기하고 있었다. 그들은 절대성의 충돌이 야기한 그 엄청난 유혈 폭력에 대한 기억에서 벗어날 수 없었다. 그들은 확고부동한 이데올로기적 극단주의의 모든 형태를 극복하고, 그 대안이 될 수 있는 새로운 사고방식 ― 새로운 멘탈리티 ― 을 발전시키기를 원했다.

모든 실용주의 사상가들은 듀이가 "확실성의 탐구"라고 부른 바에 대해 지속적이고 다각적으로 반대해 왔다. 그것은 단순히 스스로 절대적 확실성에 따라 살아간다고 주장하는 이념가들과 광신주의자들만을 공격하는 것이 아니었다. 듀이는 이 확실성의 탐구가 서양의 철학적 전통에서 가장 기본적인 목적 중 하나였다고 생각했다. 듀이는 이 확실성의 탐구를 안전의 탐구, 즉 일상생활의 우연성, 불확실성, 모호함으로부터 벗어나려는 시도와 관련지었다. 많은 전통 철학자들은 영원하고, 고정되어 있으며, 불변하면서, 필연적인 것의 가치를 긍정하는 반면에, 변화하고, 생성중이며, 우연적이면서, 위험한 것을 폄하하려는 경향이 있어 왔다. 그러나 "위험으로부터의 도피," 실존의 영고성쇠로부터의 도피란 없다. 게다가 우리는 언제나 우리의 뒤에서 작용하고 있는 힘들의 노리개도 아니고, 그렇다고 우리가 우리의 운명을 완전하게 통제할 수 있는 것도 아니다. 듀이는 다른 실용주의 사상가들과 마찬가지로, 자신들이 미처 예상치 못한 모든 우연성들을 예견하고, 조작하며, 통제할 수 있다고 생각하는 이들의 오만함을 폭로하고자 노력했다. 모든 실용주의자들은 진정한 의미의 인간적 동인과 자유를 전혀 허용하지 않는 기계적 결정론의 교의들을 거부하였다. 그러나 그들은 근거 없는 주의주의 — 우리가 단지 변화를 의지하는 것만으로도 세상에 의미 있는 변화를 일으킬 수 있다는 믿음 — 에 대해서도 똑같이 가차 없는 비판을 가했다. 예기치 않은 일과 예측 불가능한 것에 대해 반성적이고 지성적인 태도로 대응할 수 있게 해주는 사상을 발전시키고, 나아가 융통성 있는 비판적 습관과 실천들 — 이것이 훨씬 중요하다 — 을 발전시키는 것, 이것이 실용주의의 중요한 과제이다.

듀이는 "방관자적 지식론spectator theory of knowledge"이란 말을 만들어 냈다. 그는 과거와 현재의 많은 철학자들이 시각적 은유의 지배하에 있었고, 그래서 수동적인 바라봄 또는 관조의 형태로 지식에 접근하는 경향이 있어 왔다고 주장한다. 듀이를 비롯한 실용주의자들이 발전시키고자 노력한 멘탈리티의 변화에는 인간 존재를 수동적 방관자가 아닌 행위자agents — 세계와의 교류에서 항상 자신들의 경험을 겪어 내고 형성하는 행위자 — 로 위치시키는 지적 실험이 반드시 요구된다. 듀이는 다른 실용주의자들과 마찬가지로 극단적인 유토피아적 "해결"에 대해서 회의적이었으며, 총체적 혁명에 대한 생각도 믿지 않았다. 그러나 그는 중단 없는 근본적인 사회적 개혁에는 찬성하였다. 듀이의 전 생애에 걸친 주된 관심은 민주주의의 성격과 운명이었다. 그는 미국 민주주의에의 최대 위협은 내부적인 것, 즉 공중들이 강력한 특정 이익 단체의 조종을 받게 되는 경우라고 느꼈다. 그는 "공중의 소멸eclipse of public," 즉 공개적인 의사소통과 토론 및 심의 하에서 정보를 숙지한 공중의 소멸을 염려하였다. 듀이는 우리 시대에 전 세계적 차원에서 채택된 멘탈리티인 "기업 멘탈리티"의 성장과 전파로 인해 민주주의를 위협할 수 있음을 경고하였다.

> 기업 마인드가 산업사회의 정부뿐만 아니라 전반적인 사회 분위기를 결정짓는다. 기업 마인드는 그 자체의 대화와 언어 그리고 그 나름의 이해관계를 가지고 있으며, 그런 마인드를 갖춘 사람들과 그들의 집

단적 능력 내에 있는 이들 위주로 집단을 형성하게 한다. … 오늘날 우리는 비록 공식적인 지위나 법적인 지위는 없어도 역사상 그 유례가 없는 정신적이며 도덕적인 법인法人을 가지고 있다. (Dewey 1930: 41)

듀이에 따르면, 민주주의는 단지 제도나 공식적인 투표 절차 또는 권리에 대한 법률적 보장만으로 이루어지는 것이 아니다. 물론 이런 것들도 중요하다. 하지만 그것들에 생명과 의미를 불어넣기 위해서는 일상적인 민주주의적 협동이 실천되는 문화가 요구된다. 그렇지 않을 경우, 제도와 절차는 실속 없고 무의미해질 위험에 놓이게 된다. 민주주의는 "삶의 방식"이자, 적극적이고 부단한 관심을 요구하는 윤리적 이상이다. 만일 우리가 민주주의를 창조하고 재창조하는 일을 해내지 못한다면, 민주주의가 계속되리라는 보장은 없다. 민주주의는 적절한 사회적, 교육적, 경제적 조건들이 갖춰진다면 모든 인간들이 지적인 판단과 숙고와 행위를 할 수 있는 능력이 있다는 반성적인 신념에 기초하고 있다. 듀이는 자신의 80회 생일을 축하하는 자리에서 「창조적 민주주의 — 우리 앞에 놓인 과제」라는 제목의 연설을 통해 진정한 민주주의 사회에 대한 자신의 비전을 밝힌 바 있다.

민주주의는, 다른 삶의 방식과 비교해 볼 때, 경험의 과정을 목적인 동시에 수단으로서 성심성의껏 믿는… 그리고 사람의 감정, 욕구, 소망을 해방시켜서 과거에는 존재하지 않았던 것을 존재하게 하는 유일한 삶의 방식이다. 왜냐하면 민주주의에 이르지 못하는 모든 삶의 방식은, 경험들이 확장되고 풍부해지면서 계속 안정을 이루게 하는, 접촉, 교환, 의사소통, 상호작용을 제한하기 때문이다. 이 해방과 풍요로움의 과제는 매일매일 수행되어야 하는 것이다. 경험이란 것은 그 자체로 종말에 이를 때까지는 끝이 있을 수 없는 것이다. 그렇기 때문에 민주주의의 과제는 모두가 공유하고 모두가 이바지하는 보다 자유롭고 보다 인간적인 경험을 창조하는 영원한 과제이다. (Dewey 1988: 229-30)

듀이는 강한 불확실성과 불안과 두려움이 지배하는 시기에는 도덕적 확실성과 절대성에 대한 갈망이 나타난다는 것을 이해하고 있었다. 그러한 때에는 형이상학적 위안과 종교적 위안을 찾으려는 절실한 노력이 나타날 수 있다. 그러나 바로 이것이 우리가 저항해야만 하는 것이다. 왜냐하면 그러한 위안이라는 것은 결국 환상에 기초한 것이기 때문이다. 게다가 퍼스가 이미 강조했듯이, 절대성에 대한 그러한 호소는 개방된 탐구와 진정한 사유에 이르는 길을 가로막는다. 실용주의자들은 유혹적이지만 길을 잘못 안내하는 절대성, 확실성, 허울 좋은 토대, 단순한 이항 대립에 호소하는 것의 오류를 폭로하고 날카롭게 공격한다. 그러나 그들의 주된 긍정적 업적은 실행 가능하고 비판적이며 오류 가능한 대안을 발전시키는 데 있었다.

실용주의의 전통에 깊이 동조하고 있는 선도적인 현대 철학자인 힐러리 퍼트남은 실용주의가 "특정한 일단의 논제들, 다양한 관심을 가진 다양한 철학자들이 아주 다양하게 토론할 수 있고 또 그래 온 논제들"을 포함하는 "사유의 방식"이라고 주장한다. 그는 이러한 논제들의 핵심을 다음과 같이 요약하고 있다.

(1) 반회의주의: 실용주의자들은 의심은 신념만큼이나 정당화를 요구한다고 본다…; (2) 가류주의: 실용주의자들은 수정을 가할 필요가 전혀 없는 그러한 형이상학적 보장은 결코 존재하지 않는다고 본다 (오류 가능하면서 동시에 반회의적일 수 있다는 생각은 미국 실용주의의 독자적인 통찰이다); (3) "사실"과 "가치" 사이의 근본적인 이분법은 존재하지 않는다는 논제, 그리고 어떤 의미에서는 실천이 철학에서 일차적이라는 논제. (Putnam 1994: 152)

퍼스는 많은 철학자들에게 기본적인 것으로 여겨졌던 인식론적, 형이상학적 토대주의의 관념 ― 지식의 전체 골격을 세울 수 있는 기초가 되는 필연적으로 참인 확고한 토대를 단 한 번에 발견해 내겠다는 꿈 또는 악몽 ― 을 일관되게 공격하였다. 이렇게 견고한 토대, 부동의 진리를 추구하는 데에는 보다 깊은 철학적, 종교적, 사회적, 심리학적 이유가 존재한다. 데카르트는 그가 당연하다고 받아들인, 바로 우리 앞에 놓인 양자택일의 상황을 그 어느 사상가들보다도 생생하게 묘사한다. 견고한 토대와 의심의 여지가 없이 확실한 지식인가, 아니면 토대도 없고 이유도 없는 의견들의 수렁인가. 나는 예전에 이것을 "데카르트적 불안Cartesian Anxiety"이라 부른 바 있다(Bernstein 1983:

16-24). 아르키메데스의 점을 찾으려는 데카르트의 노력은 형이상학적인 문제와 인식론적인 문제를 해결하기 위한 장치를 찾으려는 노력을 훨씬 넘어서는 것이다. 그것은 우리를 끊임없이 위협하는 변화에 맞서 우리들 삶의 안전을 보장할 수 있는 모종의 확고한 지반, 안정적인 암반을 찾으려는 노력이다. 데카르트가 자신의 저서 『성찰Meditations』에서 싸우고자 했던, 영혼의 여행 뒤를 배회하는 유령은 불변하고 확정적인 것이라고는 찾아볼 수 없는 — 그의 싸늘한 은유를 사용하면 — 혼돈과 광란의 공포, 즉 우리가 바다에 빠져서 발이 바닥에 닿지도 않고 그렇다고 물 위로 떠오를 수도 없는 그런 상태의 혼돈과 광란에 대한 공포였다. 이러한 불안이 바로 지금에 이르기까지 지성적 사유와 대중의 사유를 괴롭혀 왔다. 그것은 아주 다양한 형태를 취할 수 있다. 나는 오늘날 세상을 선의 힘과 악의 힘으로 갈라놓기 위해서 종교적 확실성이나 도덕적 확실성을 주장하는 사람들은 실제로 이러한 데카르트적 불안에 물들어 있다고 생각한다. 왜냐하면 그들은 자신들의 도덕적, 정치적 확신들이, 데카르트가 자신의 명백한 토대에 대해 주장했던, 그런 유형의 확실성을 가진다고 주장하고 있기 때문이다. 또한 그들은 반대자들을 공격하면서 그 대단한 양자택일의 논리(Either/Or)를 사용한다. 왜냐하면 그들은 확고한 토대와 도덕적 확실성을 대신할 수 있는 대안은 그것이 무엇이든 간에 결국에는 상대주의적 의견의 수렁에 빠질 수밖에 없다고 주장하기 때문이다.

오늘날 실용주의 사상가들의 독특한 특징은 그들이 이 양자택일의 논리를 거부했다는 점이다. 배타적 선언exclusive disjunction, 즉 "절대적" 확실성이냐 아니면 "절대적" 상대주의냐라는 양자택일은 눈가림이다. 우리는 데카르트적 불안을 떨쳐 버리거나 아니면, 은유적으로 표현하면, 우리를 제압하는 힘으로부터 우리를 해방시켜 주는 일종의 철학적 치유에 참여할 필요가 있다. 실용주의자들은 퍼스를 선두로 해 데카르트의 양자택일적 이원론을 대체할 수 있는 진정한 대안으로서 가류주의 개념을 발전시키고자 노력하였다. 가류주의는 지식 주장 또는 더 일반적으로 타당성 주장 — 도덕적 주장과 정치적 주장을 포함하는 타당성 주장 — 은 모두 지속적인 검토와 수정과 비판에 열려 있다고 보는 믿음이다. 퍼스는 현대 실험과학의 특징을 이해하기 위해 가류주의가 필수적이라고 주장한 첫 번째 사람이다. 과학적 탐구는 어떤 절대적인 인식론적 출발점이나 종착점을 갖지 않는다. 탐구는 — 셀라즈의 표현을 빌리면 — "한 번에 모두 다는 아니더라도 어떠한 주장도 위험에 빠뜨릴 수 있는"(Sellars 1997: 79) 자기 교정의 작업이다. 여기서 "한 번에 모두 다는 아니더라도"라는 문구는 매우 중요하다. 왜냐하면 우리가 어떤 주장과 신념(믿음)을 기본적이고 의심의 여지가 없다고 간주하지 않고서는 그 어떤 탐구에도 참여하는 것이 불가능하기 때문이다. 그러나 여기서 더 결정적인 단어는 "간주"한다는 대목이다. 왜냐하면 심층적인 탐구를 통해서 우리가 기본적이라고 간주해 온 것이 의문시되고 수정될 필요가 있다는 것이 밝혀질 수 있기 때문이다. 따라서 우리가 토대로 받아들인 것에서 출발한다는 의미에서는 논쟁의 여지가 없다. 이것들은 우리가 탐구를 수행하기 위해서 당연한 것으로 받아들이는 신념과 "진리"이다. 이것들은 선행 탐구로 정립된 정당한 근거가 있는 주장들이다. 그러나 이것들은 자기 교정적인 탐구 과정에서 의문이 제기되고, 수정되고, 나아가 폐기될 수도 있다. 그리고 탐구의 자기 교정적 과정은 **탐구자들의 비판적 공동체**를 요구한다. 퍼스는 이 자기 교정적 탐구의 개념을 철학 그 자체에로 확대시켰다. 그러나 민주주의 사회에서 도덕적, 사회적, 정치적 탐구를 위한 가류주의의 완전한 의미를 보여 주고자 노력한 사람은 제임스와 특히 듀이였다. 그리고 홈즈의 법률에 대한 접근도 모든 형태의 절대적 원리들을 일순간에 날려 버리는 가류주의적 에토스가 스며들어 있다. 홈즈는 『보통법Common Law』에서 "법의 생명은 논리가 아니었다. 그것은 경험이었다"라고 선언했다(Menand 2001: 341에서 인용).

  가류주의는 엄밀한 의미에서 심원한 인식론적 교의는 아니다. 가류주의는 비판적 공동체에서 조심스레 길러질 필요가 있는 덕들의 집합 — 실천 관행들의 집합 — 으로 이루어진다. 가류주의의 지향은 자신의 생각을 남들 앞에서 기꺼이 검증받고, 또 자신을 비판하는 이들에게 귀 기울여 들으려는 자세를 요구한다. 또한 그것은 새로운 가설과 추측을 정식화하고, 그것들을 연구자 공동체에 의한 엄밀한 공적 검증과 비판 앞에 내놓을 수 있는 상상력을 요구한다. 가류주의는 불확실성에 대한 큰 관용, 우리가 가장 소중히 간직해 온 신념들이 논박되었을 때 그것을 개조하고 수정하며 폐기시킬 수 있는 용기를 요구한다. 강한 가류주의는 (퍼스의 영향을 받은) 칼 포퍼Karl Popper가 "열린사회"라고 부른 바를 요구한다. 그러므로 가류주의는 우리와 생각이 다르고 이에 반대하는 사람들에 대한 최소한의 관용 그 이상을 요구한다. 우리는 그들의 비판과 반대 앞에 마주서서 이에 답을 제시하고자 노력해야 한다. 그리고 이것은 상호 존중을 요구한다.

이 가류주의의 멘탈리티는 퍼트남이 실용주의의 주요 논제라고 본 "'사실'과 '가치' 사이에는 근본적인 이분법이 없다는 논제와, 실천은 어떤 의미에서는 철학에서 일차적이라는 논제"가 의미하는 바를 이해하는 데 도움이 된다.[1] "사실"과 "가치" 간의 근본적인 이분법 개념을 거부하는 것이 곧 사실들이 존재한다는 생각, 그리고 객관적인 사실이 어떤 탐구에서든 모두 중요하다는 생각을 거부하는 것은 아니다. 퍼트남은 우리의 이해관계와 가치가 주어진 맥락 안에서 우리가 사실로 간주하는 것을 형성한다는 점을 강조하고자 한다. 또한 가류주의적 멘탈리티는 우리의 일상생활의 실천에서 구체화될 때에만 의미 있고 유효한 것이 된다.

실용주의자들은 가류주의의 멘탈리티를 길러내고 유지하는 일이 얼마나 어려운지 알고 있다. 그것은 단지 이야기하거나 바라는 것만으로는 생겨나지 않는다. 우리가 민주 사회에서 올바

---

[1] 퍼트남(2002)의 사실/가치 이분법에 대한 비판을 보라.

른 비판적 습관과 실천 관행을 계발하는 것에 성공할 때에만 가류주의가 구체적인 현실이 될 수 있다. 이것은 결코 완성될 수 없는, 계속 진행되는 과제이다. 듀이가 그의 전 생애에 걸쳐서 기울인 교육에 대한 관심, 특히 청소년 교육에 대한 관심은 가류주의의 멘탈리티를 길러내는 데 있어서 학교의 역할이 중요하다는 그의 신념에서 비롯된 것이다.

이제 우리는 퍼트남이 실용주의적 통찰, 즉 우리는 오류 가능하면서도 반회의적일 수 있다는 생각을 강조하면서 의미하고자 했던 바를 보다 잘 이해할 수 있게 되었다. 퍼트남이 가리키는 회의주의란 지식의 가능성 그 자체를 문제 삼는 철학적 교의이다. 그러나 가류주의는 이런 의미에서의 회의주의가 아니다. 가류주의는 지식의 가능성 그 자체에 관해서는 회의주의적 의심을 제기하지 않는다. 이와는 정반대로 가류주의는 정당한 지식 — 상식과 과학적 지식 모두를 포함하는 — 을 구성하는 것의 본질적 특징들을 밝혀내고자 한다. 그러나 가류주의는 절대적이고 교정이 필요 없는 지식*absolute incorrigible knowledge*의 가능성에 대해서는 의문을 제기한다. 실용주의자들은 그러한 절대적 지식에 대한 생각이 바람직한 목적이라고 말하지 않는다. 그들은 유한한 인간 존재는 결코 그러한 절대적 지식에 도달할 수 없다고 말한다. 나아가 그들은 절대적이고 교정이 필요 없는 지식이라는 생각 자체가 부정합적이라는 훨씬 더 강력하고 도전적인 주장을 하고 있다. 따라서 가류주의는 지식 획득의 가능성에 관해 절망하는 것이 아니라, 우리가 어떻게 하면 우리의 탐구를 통해서 정당한 지식을 확보하고 진보해 나갈 수 있는지를 조명하고자 한다.

"회의주의"에는 인식론적 회의주의의 철학적 교의와는 다른 보다 상식적인 개념의 회의주의가 있으며, 그와 같은 회의주의 개념 하에서 우리는 가류주의적 회의주의fallibilistic skepticism에 대해서 이야기할 수 있다. 메넌드는 실용주의 사상가들이 옹호한 가류주의적 회의주의의 해방적 성질을 다음과 같이 간명하게 기술하고 있다.

> 관념ideas이 이데올로기 — 현상 유지를 정당화거나, 아니면 그것을 포기시키기 위해서 어떤 선험적인 명령만을 따르도록 지시하는 이데올로기 — 가 되어서는 안 된다는 믿음이 그들의 가르침의 핵심이다.
> 많은 점에서 이것은 해방적인 태도로서 홈즈, 제임스, 그리고 듀이가 그들의 전 생애에 걸쳐 누렸던 대중적 인기, 그리고 당대의 판사, 교사, 언론인, 철학자, 심리학자, 사회과학자, 법학자, 시인 등을 비롯해서 전 분야에 미친 영향력을 설명해 주는 내용이다(퍼스는 특별한 경우였다). 그들은 사람들이 이질적이고 산업화된 대중-시장 사회에서, 즉 관습과 공동체에 기초한 예전의 인간적 유대가 약해지고 의무와 권위라는 보다 몰沒개인적인 네트워크로 대체된 사회에서 삶을 살아갈 수 있도록 돕는 일종의 회의주의를 가르쳤다. … 홈즈, 제임스, 퍼스, 그리고 듀이는 인간의 사유를 교회나 국가 또는 대학의 공식적인 이데올로기의 속박으로부터 해방시키는 데 이바지했다. 그러나 그들이 저술한 내용 안에는 인간의 행복을 증진시키기 위한 투쟁에서 사

상이 할 수 있는 역할의 한계에 대한 인식이 함축되어 있다. (Menand 2001: p. xii)

실용주의적 가류주의라는 멘탈리티의 특징을 이루는 또 다른 주제가 있다. 윌리엄 제임스는 그의 마지막 저술들 중 한 권에 『다원주의적 우주A Pluralistic Universe』란 제목을 붙이면서 "다원주의"란 단어를 사용한 최초의 철학자였다. 영원히 존속되는 단일한 체계, 모든 것을 포괄하는 단일 철학은 존재하지 않는다. 우주는 다원적이며, 유한한 행위자인 우리는 이 우주와 마주하면서 다양한 제한적 관점을 갖는다. 철학자들은 자주 복잡하게 얽힌 삶의 다양성 자체를 그들의 난해한 추상들로 대체하려는 경향이 있다고 그는 주장하였다. 인간 삶의 구체적인 다원성과 다양성을 기술하고, 논리적으로 이끌어 내고, 그 가치를 널리 알리는 능력에 있어서 제임스에 필적할 만한 철학자는 없었다.

또한 실용주의자들은 현대적 삶에서 부인할 수 없는 사실인 문화적, 인종적, 종교적 차이의 다원성이 갖는 중요성을 예견했다. 1908년 옥스퍼드에서 행한 제임스의 강연은 훗날 『다원주의적 우주』라는 책으로 출간되었다. 그 강연 당시에 두 명의 젊은 미국인이 청중 속에 있었다. 유대계 미국인인 호레이스 칼렌Horace Kallen과 최초의 로즈 장학생이자 아프리카계 미국인인 알레인 로크Alain Locke가 그들이다. 그들은 하버드 재학 시절부터 이미 친구 사이였다. 제임스의 다원주의 사상에 깊은 감명을 받은 이 두 사람은 제임스의 아이디어를 적용해 "문화적 다원주의" 개념을 발전시켰다. 호레이스 칼렌은 "문화적 다원주의cultural pluralism"란 표현을 만들어 냈다. 그리고 칼렌의 문화적 다원주의에 대한 옹호는 알레인 로크, 두보이스W. E. B. Du Bois(제임스의 또 다른 제자), 랜돌프 부른Randolph Bourne 등 실용주의 정신을 따르는 많은 사람들의 생생한 토론을 이끌어 냈다. 당시 미국에서는 반유대주의와 인종차별주의가 만연해 있었기 때문에, 실용주의적 노력을 통해 실행 가능한 문화적 다원주의 이념을 발전시키려는 강력한 실천적 동기가 있었다. 실용주의 사상가들은 외국인 혐오가 강하게 분출하고 있던 당시의 미국에서 "문화적 다원주의"를 하나의 규범이자 이상으로서 발전시켜 나갔다. 1920년대에 의회는 "바람직하지 않은 외국인들"을 받아들이지 않는다는 극도로 제한적인 이민법을 통과시켰다. 이 법은 미국을 "인종적으로 순수하게" 지킨다는 명분하에 우생학에 대한 사이비 과학적 호소를 통해 "정당화"되었다.[2] 이에 실용주의자들은 파괴적인 절대적 멘탈리티 — 세계를 "우리 미국인들"과 "바람직하지 않은 외국인들"로 갈라놓는 멘탈리티 — 에 다시 한 번 맞서 싸웠다.

개인 정체성과 집단 정체성은 다양할 뿐만 아니라 서로 갈등하고 충돌하기도 하기 때문에, 차이에 대한 관용의 문제는 현대 생활에서 특히 첨예한 문제가 되었다. 우리는 세계화로 향하는 강력한 흐름이 존재하는 시대에 살고 있다. 그러나 이러한 세계

---

2. 문화적 다원주의 논쟁에 대한 메넌드의 논의(2001: 14장)는 "다원주의"를 보라.

화는 이질성과 차이에 대한 우리의 인식을 증대시킨다. 전 세계의 다양한 문화, 종교, 그리고 인종 집단들 사이에서 긴장과 저항이 섬광을 내뿜고 있다. 지난 50년 동안 많은 사상가들은 차이, 타자, 타자성alterity, 통약 불가능성의 의미를 정확하게 인지해 왔다. 이러한 새로운 의식에는 극히 중요한 것도 있고, 정도가 지나치고 방해가 되는 것도 있다. 거기에는 제임스가 "주지주의"라 부른 것에 대한 정당한 반발도 존재하며, 또한 특수성과 다원주의에 둔감한 형태의 보편주의인 이른바 "추상적 보편주의"에 대한 정당한 반발도 존재한다. 자신들의 진정한 정체성이 모종의 추상적인 보편적 이상이라는 이름 아래 위협당하고 있다고 느끼는 인종, 문화, 종교 집단들은 동화同化에 강력하게 맞서고 있다. 소위 보편적 이상이라고 하는 이런 것들은 결국 지배적인 권력 집단의 편견을 가장한 것으로 드러난다 ― 혹은 그렇게 주장된다. "개방성"과 "관용"의 명분 아래에는 위장된 불관용이 자리하고 있다. 우리는 타인들이 우리와 같기를 기대하고, 우리와 똑같이 행위하기를 기대하며, 또 그들이 우리의 규범과 가치를 수용하고 받아들이기를 기대한다. 에마뉘엘 레비나스가 서구 사상에는 "타자"를 "동일성"으로 동화시키려는 ― 타자의 타자성의 독자성을 말살하려는 ― 경향이 강하다고 주장한 것은 옳았다. 그는 이러한 경향을 "존재론적 제국주의ontological imperialism"라고 일컬었는데, 이때 그가 사용한 것은 죽은 메타포가 아니었다. 왜냐하면 이와 똑같은 논리가 정치적, 경제적, 문화적 제국주의에서도 작용하기 때문이다.

그러나 우리는 차이, 타자, 타자성에 대한 과도한 칭송 역시 경계해야 한다. 모든 형태의 차이가 바람직하거나 환영받아야 하는 것은 아니다. 우리는 이 중 일부, 특히 진정한 다원성을 무시하거나 없애려는 시도에는 강력히 반대해야 한다. 따라서 우리는 문화적 차이에 대한 비판적인 가류주의적 태도, 즉 다원주의적 사회에서 포용되고 받아들여져야 하는 것과 그러한 사회의 존재 자체를 위협하는 것을 구별할 수 있는 태도를 발전시킬 필요가 있다. 그리고 나는 여기서도 실용주의의 멘탈리티가 독자성 및 차이에 대한 무비판적 찬양과 추상적 보편주의 사이의 잘못된 이분법을 극복하는 데 도움이 된다고 믿는다. 실용주의자들은 다원성, 차이, 타자성을 강조한다. 그러나 그들은 칼 포퍼가 "프레임워크의 신화myth of the framework"라 부른 잘못을 범하지는 않는다. 이는 우리가 우리 자신의 이론, 문화, 가치, 언어의 프레임워크(틀) 안에 갇혀 버려서 "근본적으로" 다른 통약 불가능한 프레임워크 안에 들어 있는 사람들과는 의사소통할 수 없다는 신화이다. "프레임워크의 신화"는 다원적인 문화적 관행에 대한 비판적 평가를 간과하는 상대주의로 곧바로 나아간다. 실용주의자들은 일관되게 참여 다원주의engaged pluralism, 즉 우리와 다른 것을 인정하되, 그것을 이해하고 그것에 비판적으로 참여하려는 지향을 옹호해 왔다.[3]

실용주의자들은 상이한 문화와 언어들을 서로 완전히 닫히

---

3. 나는 1983년에 「프레임워크 신화」에 대해 논의했으며, 1991년 책의 「실용주의와 상처의 치유」라는 논문의 부록에서 "참여 다원주의"에 대해서 논의했다.

고 독립적인 것처럼 다루는 프레임워크의 신화에 반대한다. 그들은 우리의 제한된 지평을 확대하고 그것을 넘어서 나아가는 일이 언제나 가능하다고 주장한다. 다르고 차이 나는 것과의 대화를 통한 만남에 의해서 그렇게 할 수 있다. 낯선 것, 이질적인 것에 참여하지 못하는 것은 **실천적인 실패**이자 상상력의 실패이며, 우리와 다른 것을 이해하기 위한 노력을 기울이지 못하는 것이다. 다원주의는 **상대주의**가 아니다. 실용주의자들이 반회의주의적인 가류주의를 발전시켰다는 퍼트남의 주장에 덧붙여서, 나는 그것의 당연한 논리적 결과로서 실용주의자들이 반反-상대주의적인 다원주의를 발전시켰다는 점을 강조하고자 한다. 참여 다원주의는 상대주의의 정반대편에 있다. 그것은 우리에게 타자인 것 그리고 우리와 다른 것을 진정으로 이해하기 위해서 진지하게 노력할 것을 요구한다. 또한 그것은 우리가 만나는 사람들의 견해뿐만 아니라 우리 자신의 견해도 **비판**할 것을 요구한다.

나는 실용주의적 가류주의의 멘탈리티에 대한 설명을 마무리 짓기 위해서 그 본질적인 특징을 파악하는 데 반드시 필요한 마지막 주제 하나를 탐구하고자 한다. 우연과 우발성 개념의 중요성이 그것이다. 퍼스는 우연의 긍정적 개념화를 도입했다. 그가 살아 있는 동안 — 양자 물리학의 발견 이전 — 에 많은 철학자들과 과학자들은 우연을 전혀 고려하지 않는 기계적 결정론의 몇몇 버전을 받아들였다. 아마도, 자연법칙은 일어나는 모든 일들이 이 법칙에 따라서 완전히 고정되는 그런 것으로 받아들여진다. 만일 우리가 이들 법칙에 대한 완전한 지식을 가지고 있다면, 우리는 우연적인 사건으로 보이는 것이 실제로는 완전히 결정된 것이라는 것을 이해하게 된다. 이 관점에서 보면, "우연"은 이들 법칙에 대한 우리의 무지를 가리키는 또 다른 이름일 뿐이다. "우리는… 우주의 현 상태를 그 이전 상태의 결과이자 앞으로 일어날 상태의 원인으로 상상해야 한다"고 선언했던 프랑스의 과학자 피에르-시몽 라플라스Pierre-Simon Laplace는 이러한 결정론 철학의 가장 유명한 진술들 가운데 하나를 다음과 같이 제시하고 있다.

> 어느 한 순간에 자연에 생명을 불어넣는 힘들과 그것을 구성하는 존재들의 각각의 상황을 모두 알 수 있는 지성이 존재한다면, 더욱이 이 데이터들을 분석할 수 있을 만큼 충분히 방대하고 또 우주에서 가장 작은 원자들의 운동뿐만 아니라 가장 큰 물체들의 운동까지도 같은 공식 안에 포괄할 수 있다면, 그런 지성에게 불확실한 것은 존재하지 않을 것이며, 미래도 과거와 마찬가지로 그 눈앞에 보일 것이다.
>
> (Menand 2001: 196에서 인용)

퍼스는 이러한 결정론 개념이 실제 과학 연구의 가설도, 정당화된 결론도 아니라고 주장했다. 그것은 부당한 선험적 편견으로서, 실험과학의 실제 실천에 의해서는 전혀 정당화되지 않는다. 퍼스에 의하면, 실제 과학 법칙은 절대적으로 정확하거나 결정적인 것이 아니다. 메넌드는 이렇게 말한다.

> 만일 과학 법칙이 절대적으로 정확한 것이 아니라면, 과학 용어는 새로운 방식으로 이해되어야 한다. "원인"과 "결과," "확실성"과 "우연," 심지어 "경성"과 "연성"과 같은 단어들은 고정된 또는 분리된 실체나 속성의 이름으로 이해될 수 없다. 그것들은 가능성의 곡선 위에 있는 점들의 명칭으로서, 결론보다는 추측이나 예측으로 이해되어야 한다. 그렇지 않으면, 과학자들은 그들의 개념을 실체화하는 위험, 즉 끊임없는 유동의 상태에 있는 현상들에 하나의 불변의 본질을 부과할 위험이 있다. 퍼스는 이런 문제가 함축하는 모든 것들을 감지한 최초의 철학자였으며, 그의 철학은 이 문제에 사로잡혀 있었다. 그 문제는 요컨대 다음과 같은 물음으로 요약된다. 세계에서 "참인" 진술은 "빗나가기" 쉽다는 말이 의미하는 바는 무엇인가? (Menand 2001: 223)

이 "빗나감," 이 우연이라는 긍정적 실재가 우주의 기본 요소를 이룬다. 퍼스는 그것을 "타이키즘tychism"이라 불렀는데, 이는 우연을 뜻하는 희랍어에서 유래한 말이다. 퍼스는 그의 가장 사색적인 논문들 중 하나인 「수수께끼에서 추측A Guess at the Riddle」(그의 생전에는 출간되지 않았다)에서 다음과 같이 단언한다.

> 그렇다면 우리는 여기에 이르게 된다. 법칙과의 일치는 단지 제한된 영역의 사건 내에서만 일어나며, 거기에서조차 완전하지 못하다. 왜냐하면 순수한 자발성 또는 법칙과 무관하게 발생한 최초의 것들도 결국에는 세상 어디에나 적용되는 법칙과 혼합되거나 적어도 혼합되는 것으로 간주되어야 하기 때문이다. 게다가 법칙과의 일치는 그에

관한 설명이 요구되는 하나의 사실이다. 일반 법칙은 어떤 특수한 법칙으로 설명될 수 없기 때문에, 그 설명은 법칙이 우연, 불규칙성, 그리고 불확정성으로부터 어떻게 발전해 나가는지를 보여 주어야만 한다. … 이에 따르면, 세 가지 요소들이 세계에서 능동적이다. 첫째는 우연성, 둘째는 법칙, 셋째는 습관화이다.

  이것이 우리가 스핑크스의 비밀을 풀어 가는 방식이다. (Peirce 1992: 267-7)

  퍼스는 우리가 우연의 긍정적 역할의 진가를 알지 못하는 한 자연의 법칙도 이해할 수 없다고 일관되게 주장했다 ─ 우연은 역동적인 세계를 이루는 환원 불가능한 기본적인 "요소"이다. 퍼스는 ─ 우주에서 우연이 갖는 역할에 관한 성찰에서 ─ 실험과학의 성격과 과학적 설명에서 통계적 개연성의 역할을 분명히 하는 데 주로 관심이 있었다. 제임스와 듀이는 퍼스의 통찰을 인간적으로 다듬고 그 풍부한 윤리적·정치적 함축을 부각시키기 위해 노력했다. 우리가 살고 있는 세계는 우연, 운, 그리고 우발성이 실제로 존재하는 "열린 우주"이다. 우발성은 즐거움과 비극의 근원이며, 우리에게 기회와 도전을 제시한다. 인간 행위자들은 세상의 모습을 다르게 만들어 갈 수 있다. 하지만 지성적으로 그렇게 하기 위해서는 지속적이고 부단한 연구가 요구된다. 우연과 우발성의 실재는 우리가 앞으로 일어날 일을 결코 완전히 예견할 수 없다는 점을 의미하기도 한다. 이것은 우리가 예상치 못한 우발적 사건들에 대처할 수 있도록 해

주는 비판적이며 융통성 있는 습관과 실천 관행을 발전시킬 필요성을 강조한다.

실용주의자들, 특히 듀이는 우리가 행위하고 성취할 수 있는 것에 대해 너무 순진하게 낙관적이라고 비난을 받기도 한다. 그러나 듀이 자신은 「우리가 살고 있는 실존 세계」에 관한 연구를 통해 그가 형이상학이라고 부르는 분야에 대해 언급하면서, 우리는 세계의 불확실한 본질을 보여 주는 증거로서 불운과 실수에 호소할 만한 좋은 이유가 있다고 말했다.

> 인간은 스스로 우연의 세계에서 살고 있음을 발견한다. 인간의 실존은, 노골적으로 표현하면, 도박과 관련이 있다. 그 세계는 위험의 장場이다. 그것은 불확실하고 불안정하다. 그것도 엄청나게 불안정하다. 그 위험은 불규칙적이며 일정치 않고, 때와 계절에 따라 예측할 수도 없다. 전염병, 기근, 흉년, 질병, 죽음, 전쟁에서의 패배 등이 바로 목전에 와 있고, 풍요, 부강, 승리, 축제와 노래도 마찬가지이다. 운은 나누기에 따라 좋기도 하고 동시에 나쁘기도 하다. (Dewey 1981: 278)

우리는 우리의 운명을 완전히 통제할 수는 없으며, 또 예기치 못한 우발성을 충분히 예견할 수도 없다. 하지만 우리는 그것들에 지성적으로 대응하는 방법을 배울 수 있다. 그러므로 실용주의적 가류주의의 멘탈리티는 낙관적이지도 비관적이지도 않다. 그것은 실천적이며 현실적이다.

2. 실용주의적 가류주의의 선행 사상과 유산

메넌드는 자신의 책 에필로그에서 "남북전쟁의 경험으로부터 성장해 나간 사유 운동은 냉전에서 그 종식을 맞이한 것 같다" (Menand 2001: 438)고 선언함으로써 자신의 역사적 대화의 결론을 맺고 있다. 그가 말한 바의 의미를 비판적으로 검토하기에 앞서, 나는 앞 장에서 제기했던 멘탈리티에 대한 주장으로 되돌아가고자 한다. 나는 멘탈리티가 다양한 역사적 형태를 취한다고 말했다. 지금까지 나는 실용주의적 가류주의의 멘탈리티에 대해서 설명하고, 그것이 절대성, 확실성, 선과 악의 뚜렷한 대립에 호소하는 멘탈리티와 대조된다는 점을 밝혔다. 실용주의자들은 자신들이 완전히 독창적이라고 주장한 적은 한 번도 없다. 오히려 제임스는 "프래그머티즘"에 대해 언급하면서 그것이 오래된 사고방식을 일컫는 새로운 이름에 불과하다고 설명했다. 실용주의 사상가들의 사상이 풍부하고 다양한 것은 그들이 서로 다른 철학적 전통들을 따르면서 자신들의 생각을 개진해 나갔기 때문이다. 애초에 퍼스는 칸트에게서 깊은 감명을 받았다고 한다. 그는 『순수이성비판』을 실제로 암기할 수 있을 만큼 철저하게 연구했다고 주장했다. 그는 칸트의 인간학적 저술들에서 "프래그마틱pragmatic"이란 표현을 빌려 왔다. 듀이는 젊은 시절에 한때 헤겔의 영향을 받았는데, 듀이가 이해했던 헤겔은 듀이의 실용주의적 경험주의를 예견한 사상가였다. 듀이는 헤겔을 "떠났고," 헤겔 대신에 다윈을 자신의 영웅으로 삼았다. 그러나 듀이는 헤겔의 경험에 관한 역동적인 유기적 관념이 그 자신의 사유에 영원한 흔적을 남겼다는 점을 인정했다. 제임스는 영국 경험론자들이 경험을 각기 분리된, 원자적 인상 조각들의 집합체로 간주하려는 경향을 통렬히 비판하면서도 항상 그들의 생각에 이끌렸다. 제임스는 「실용주의가 의미하는 것」이란 논문에서 실용주의는 경험주의적 철학 사조의 맥을 잇고 있다는 점을 분명히 했다.

실용주의는 경험주의라는 우리에게 아주 익숙한 철학 사조를 보여주고 있다. 하지만 내가 보기에 실용주의는 이제껏 가정된 것보다 더 근본적이면서 동시에 덜 반박 가능한 경험주의를 제시한다. 실용주의자는 직업 철학자들을 추앙하는 상습적인 습관을 단호히 그리고 철저하게 배격한다. 그는 추상과 불충분함으로부터, 말로만 해결을 보는 것으로부터, 불량한 **선험적** 이유들로부터, 불변의 원리와 닫힌 체계 그리고 가장된 절대성과 기원으로부터 거리를 둔다. 그는 사실에 대한 구체성과 적합성을 향해, 행위와 권력을 향해 나아간다. 이 것은 경험주의적 기질을 고양하고 합리주의적 기질을 진지하게 포기하는 것을 의미한다. 이는 도그마, 인위성, 그리고 진리에서 궁극성을 가정하는 것 등에 반대되는, 열린 분위기와 자연의 가능성을 의미한다. (James 1977: 379)

실용주의자들은 그들이 폐기해야 한다고 생각한 것들은 무시하거나 거부하였지만, 자신들이 지적으로 동류라고 생각한 것들은 자유롭게 차용하고 이용하였다. 그들은 자신들이 강조하는 바를 미리 예견했던 과거 철학자들로부터 그 주제와 통찰을 받아들였다. 또한 그들은 자신들이 미국적 전통에 속하고 미국적 전통을 발전시키고 있다는 점을 인정했다. 이는 특히 제임스, 홈즈, 그리고 듀이에 해당된다. "실용주의는 미국 문화에서 국교 폐지 운동 — 이 운동은 교회 제도와 국교 신봉을 강하게 비판했던 에머슨Emerson의 저술들로부터, 그리고 모든 사회 형태의 우연성에 주목한 남북전쟁 이후 진화 이론의 상승세로부터 힘을 받았다 — 에 해당된다"(Menand 2001: 89). 코넬 웨스트 Cornel West는 실용주의의 발전에 대해 이야기하면서, 실용주의자들이 발전시킨 많은 주제들을 처음 제기한 결정적인 인물로 에머슨을 꼽는다(West 1989: ch. 1). 듀이는 에머슨을 깊이 존경했다. 그에 의하면, "에머슨은 종교, 철학, 예술과 도덕의 이름으로 공적 영역에서 빼앗기고 종파와 계급적 용도로 착복당한 것을 보통 사람에게 돌려줄 것을 주장한다"(Dewey 1981: 29).

그러나 듀이는 미국 역사를 더 거슬러 올라가서, 창조적 민주주의에 대한 자신의 실용주의적 옹호는 제퍼슨의 민주주의에 대한 비전에 근원을 두고 있다고 생각했다. 제퍼슨은 언제나 듀이의 영웅들 중 한 사람이었다. 왜냐하면 제퍼슨의 민주주의 사상은 철저하게, 즉 그 토대, 방법, 목적에서 도덕적이었기 때문이다. 제퍼슨의 "작은 공화국"으로서의 구區 개념과 마찬가지로, 듀이는 민주주의에 대해 토론과 심의 그리고 대화가 존재하는 생동적인 지역 공동체 생활 — 능동적인 시민사회 — 이 요구된다고 느꼈다. 그는 『공중과 그 문제들The Public and its Problems』에서 다음과 같이 적고 있다.

> 지역 공동체 생활이 복구될 수 없다면, 공중은 가장 긴급한 문제를 적절히 해결할 수 없고, 그 문제를 발견하고 식별할 수 없다. 그러나 그것이 일단 재구축되고 나면, 과거의 관계들에서는 알려지지 않았던 의미와 재화를 풍부하고 다양하고 자유롭게 소유하고 향유하게 될 것이다. 왜냐하면 그것은 생동적이고 신축적일 뿐 아니라 안정적이며, 얽히게 된 복잡하고 방대한 상황에 대해서 안정적으로 반응하기 때문이다. 그것은 국지적인 경우에도 고립되지 않는다. (Dewey 1927: 216)

나는 미국의 맥락에서 실용주의적 가류주의의 역사적 상황을 중점적으로 다루어 왔다. 그것은 내가 이렇게 함으로써 이 전통에서 최선의 것을 보여 줄 수 있다고 믿었기 때문이다. 그러나 이 가류주의의 멘탈리티는 청교도로까지 거슬러 올라가는 또 다른 미국의 전통 — 절대성, 도덕적 확실성, 그리고 선과 악의 확연한 이분법에 호소하는 전통 — 과 날카롭게 대립하는 위치에 있다. 멘탈리티 간의 갈등은 우리 역사의 여러 국면에서 발생해 왔다. 그리고 9/11 이후의 세계 — 예기치 못한 온갖 종류의 새로운 위험들이 존재하는 세계 — 에서 살아가는 우리는 충돌하는 멘탈리티 간의 격렬한 전쟁에 또다시 가담하게 된다. 그러나 실용주의적 가류주의에서 **특별히** 미국적이라고 할 것은 없다. 그것의 범위는 더 보편적이고 전 지구적이다. 실용주의자들은 "뿌리 깊은 세계주의자들"이다. 그들은 미국에서의 삶의 갈등에 그 **뿌리를** 두고 있고 또 그것에 답을 하고 있지만, 그들은 그 열망과 통찰에 있어서 세계주의적이다.

제임스는 『다원주의적 우주』의 첫 번째 강연에서 대단히 통찰력 있는 언급을 한다. 그는 우리에게 말한다.

> 철학의 전 역사를 살펴보면, 그 체계들은 몇 가지 주요 유형으로 환원된다. 천재적 지성인이 온갖 기교적 언어로 포장하고 있는 그 주요 유형들은 단지 매우 많은 비전들, 삶의 전반적인 활력을 느끼는 양식들, 삶의 전반적인 흐름을 통찰하는 양식들에 불과하다. 그것들은 그 지성인이 자신의 전체적인 성격과 경험을 불가피하게 반영한 것이자 자신이 최선의 작업 태도로서 임할 때 전반적으로 선호하는 — 달리 적절한 용어가 없다 — 것들이다. (James 1977: 489)

이것은 제임스가 철학에서 기질의 역할에 관해 쓴 것과 딱 들어맞는다.

> 철학의 역사는 대부분 인간의 기질들 간의 충돌의 역사이다. 이런 식의 접근이 내 일부 동료들에게는 품위 없어 보일지 모르지만, 나는 이 충돌을 살펴보고 그것으로 철학의 많은 다양성을 설명하지 않을 수 없다. 전문 철학자들의 기질이 무엇이든지 간에, 철학자는 철학을 하는 동안에는 자신의 기질에 대한 사실을 가라앉히고자 애쓴다. 기질은 통상적으로 이유로 인정되지 않는다. 그래서 그는 오직 자신의 결론만을 지지하는 이유, 개인과는 상관없는 이유를 내세운다. 그러나 기질은 그가 지닌 보다 더 엄밀한 객관적 전제들 중 그 어떤 것보다도 강력한 편향을 그에게 부여한다. (James 1977: 363)

일부 철학자들은 이러한 주장들에 대해 분개를 금치 못했다. 그들은 제임스에게 과격한 "주관주의" — 철학이라면 성취하고자 응당 노력해야 하는 중립성과 객관성을 부인하는 주관주의 — 라고 비난했다. 그러나 나는 제임스가 너무나도 정직하고 극히 통찰력 있는 사람이라고 믿는다. 제임스가 "비전"과 "기질"이라는 말로 의미하고자 한 것은 내가 "멘탈리티"라고 부르는 것에 가깝다. 제임스는 분명코 철학에서 논증이 갖는 역할을 훼손하지 않았다. 그것은 대단히 중요하다. 논증이 없는 비전은 감상적으로 흐르고, 비전이 없는 논증은 현학적이며 메마르다. 제임스가 이런 비전들이 누군가의 전체적인 성격과 **경험**을 불가피하게 반영한다고 말했을 때, 그는 그것들이 "한갓" 주관적이거나 임의적인 것만은 아니라는 점을 분명히 인식하고 있었다. 그러나 만일 우리가 이런 식으로 각기 다른 철학자들에게 접근해 간다면, 즉 그들의 "비전을, 삶의 전반적인 활력을 느끼는 양식들, 그리고 삶의 전반적인 흐름을 통찰하는 양식들"에 초점을 맞춰 보면, 우리는 실용주의적 가류주의에서 구체화되는 멘탈리티가 훨씬 방대하고, 심오하며, 보편적인 의미를 지닌다는 점을 이해하게 될 것이다. 매우 상이한 전통과 역사적 맥락에서 작업하는 철학자들도 사유, 행위, 감정에 대한 접근법에 있어서 서로 유사한 비전을 공유하고 비슷한 기질을 보인다.

이를 밝히기 위해서 나는 실용주의적 가류주의와 같은 성질의 작업을 하는 두 명의 유력한 현대 철학자들인 찰스 테일러Charles Taylor와 위르겐 하버마스Jürgen Habermas에 대해 간략히 살펴보고자 한다. 나는 테일러와 하버마스가 실용주의자라고 말하는 것은 아니다. 그들과 실용주의 사상가들은 서로 많은 것을 공유하고 있지만, 그들 간의 차이 역시 분명하다. 그리고 테일러와 하버마스 사이의 차이도 상당하다. 철학 및 사회 이론에서 그러한 차이는 때때로 아주 중요하다. 그러나 내가 제안하고자 하는 바는, 만일 우리가 제임스가 제안한 종류의 접근 방식을 취해 본다면, 그들이 실용주의 사상가들과 얼마나 가까운지 ─ 그들이 어떻게 동일한 멘탈리티, 즉 동일한 철학적 기질과 비전을 보여 주는지 ─ 를 이해하게 될 것이라는 점이다.

우리는 퍼트남이 실용주의적 "사고방식"을 구성하는 것으로 열거했던 논제들 ─ 반-회의주의, 가류주의, 사실과 가치 이분법에 대한 거부, 실천의 우위성 — 로 다시 돌아감으로써 이를 이해할 수 있다. 테일러와 하버마스는 이 논제들을 모두 인정한다. 그들은 실용주의적 가류주의를 보강하는 방식으로 그것들을 상술해 왔다. 예를 들어, 찰스 테일러는 사실과 가치의 엄격한 이분법에 기초한 사회과학의 실증주의적 관점을 날카롭게 비판한 사람들 중 한 명이었다. 또한 하버마스는 "실증주의 논쟁"에서 자신의 인식 관심 이론을 통해 논평했던 초기부터 그의 의사소통 행위 이론에 대한 상술詳述에 이르기까지 사실-가치 이분법과 사실과 규범의 분리를 공격해 왔다. 테일러와 하버마스 모두 일관되게 가류주의를 확언해 온 사람들이다. 테일러는 가류주의에 대한 자신의 통찰과 대화의 공개성을 발전시키기 위해 현상학적이고 해석학적인 전통에 기대고 있다. 또한 하버마스는 완전성과 필연성을 주장하는 전체 시스템을 혹독하게 비평한 사람이었다. 그의 "탈형이상학적 사유"라는 생각은 지속적인 대중적 비평에 화답해야 한다는 가류주의의 한 형식이기도 하다. 테일러와 하버마스 모두 예측할 수 없는 우연성의 세계를 생생히 인식하고 있다. 바로 이 점이 이론과 실천의 관계에 대한 그들의 이해를 발전시킨 것이다. 이 두 사람은 모든 형태의 독단주의와 이데올로기를 예리하게 비판한다. 동시에 그들은 객관적 타당성을 부정하고 상대주의를 찬동하는 "포스트모더니즘"의 과도함에 대해서도 비판적인 입장에 서 있다. 그들은 모두 공개적인 대화적 의사소통의 역할을 민주주의적 심의에 근간이 되는 것으로서 옹호해 왔다. 문화적 다원주의의 문제는 이 두 사람 모두에게 중심이 되는 것이었다. 다문화주의에 관한 그들의 토론에서 놀라운 것은 그들이 1920년대의 실용주의 논쟁에서 두드러졌던 긴장을 반복하고 있다는 점이다. 테일러는 다양한 집단들의 지속적인 실존을 확보하기 위해 그들의 권리를 보호할 필요가 있다는 점을 강조한 호레이스 칼렌의 문화적 다원주의의 이해에 보다 가깝다. 반면에 하버마스의 입장은 문화적 고립주의를 구체화할 위험을 우려한 듀이에 더 가깝다.[1]

그러나 이론과 실천의 관계에 대한 그들의 이해의 또 다른 차원이 그들을 실용주의자들에게, 특히 듀이에게 훨씬 더 가깝도록 만든다. 듀이의 정신에서 보면, 이 두 사람 모두 대단히 대중적인 지식인들이다. 테일러가 당대의 선도적인 캐나다 대중 철학자인 것과 마찬가지로, 하버마스는 독일의 선도적인 대중적 지식인이다. 듀이와 마찬가지로, 그들은 전문적인 철학적 관심사들에 대해서도 공헌을 하였을 뿐만 아니라, 그것을 넘어서 대중매체를 통해 그들 시대에 대단히 중요한 정치적, 사회적 이슈들을 일관되게 언급해 왔다. 또 그들의 이론적 관심도 듀이와 마찬가지로 구체적인 사회적, 정치적 갈등들에 대한 그들의 인식에서 발전했다. 그들의 비전의 중심에는 이 복잡하고 기술적이며 지구화된 세계 — 민주주의의 번영을 왜곡하고 파괴하는 강력한 힘이 존재하는 세계 — 에서 민주주의가 의미하는 바가

---

1. 테일러와 하버마스 간의 교류는 Gutman(1994)을 보라.

무엇인지를 재고하는 기획이 자리한다. 테일러와 하버마스는 그들 이전에 듀이가 그랬던 것처럼, 도구적 사유와 기술적 사유가 지배하는 지구화된 세계에서 민주주의가 당면한 대단히 심각한 위협과 위험을 밝히고 탐구하고자 노력하였다.

몬트리올 출신의 테일러는 영어를 쓰는 개신교 아버지와 불어를 쓰는 가톨릭 어머니와 함께 이중 언어와 이중 문화를 가진 가정에서 성장했다. 그는 정치적 분열과 공적 생활의 소멸 문제에 늘 관심을 가지고 있었다. 그가 40년이 넘는 시간을 들여 노력했던 것은, 일단 서로 다른 문화적 정체성을 민감하게 인식하고 곧 다시 그들 간에 진정한 공통점을 찾고자 노력하는 "심층적 다양성deep diversity"에 대한 이해와 이상理想을 확립하는 것이었다. 우리가 하버마스의 정치적 기획과 그의 사상의 중심에 놓인 비전을 이해하고 싶다면, 우선 그의 삶의 중요한 지적, 정서적 위기와 그의 사상의 관계를 이해해야 한다. 그것은 2차 세계대전 직후 그가 — 아직 십대였을 당시 — 나치 시대의 공포의 진면목을 발견한 즈음으로 거슬러 올라간다. 하버마스의 모든 사상은 그의 일생에 걸친 시도, 즉 그 암울했던 시대에 독일에서 일어난 일을 이해하고, 그것을 넘어 심의 민주주의deliberative democracy라는 대안을 상술하고 옹호하려는 시도와 관련이 있다. 또한 테일러와 하버마스 모두 세계주의적 사상가들이었다. 그들은 문화적 차이와 민족적 차이에 민감한 전 지구적 민주주의라는 그들 자신의 철학적 비전을 발전시키기 위해서 다양한 철학적 전통들을 빌려 왔다. 철학적인 용어로 말하면, 그들은 차이와 타자성에 대한 존중을 구체적인 보편성의 맥락 속에서 관련짓고자 노력했다. 하버마스의 비전이 실용주의적 가류주의와 가까운 것이 그리 놀랄 일도 아닌 것은, 퍼스와 듀이, 미드 모두 하버마스의 철학적 탐구에 깊은 영향을 미쳤기 때문이다. 하버마스는 자신의 기질과 전망이 실용주의자들과 대단히 비슷하다는 점을 늘 인정해 왔다. 그리고 최근에 찰스 테일러도 윌리엄 제임스와 자신의 지적인 친화성을 인정하고 있다.[2]

나는 앞서 말했던 바를 여기서 되풀이하고자 한다. 나의 의도는 테일러와 하버마스가 "실제로" 실용주의자들이라는 점을 보여 주려는 것이 아니다. 나의 의도는 그들의 연구를 이끈 멘탈리티가 실용주의적 가류주의와 얼마나 깊은 유사성을 지니는지를 보여 주는 것이었다. 테일러와 하버마스는 "장기적인 안목에서 자기 교정적인 여론을 형성하는 데 있어서 상담과 협의와 설득이 갖는 역할"(Dewey 1939: 227)에 대한 듀이의 민주주의적 신념을 공유한다. 이 기본적인 확신이 듀이, 하버마스, 그리고 테일러의 사상에 생기를 불어넣은 것이다.

---

[2] Aboulafia et al(2002)의 후기에 실려 있는, 실용주의가 하버마스 사상에 미친 영향에 대한 하버마스 자신의 논평을 보라. 앨런 라이언Alan Ryan은 존 듀이에 대한 그의 빛나는 연구에서 듀이 식의 철학의 재건에 대해서 논의하고 있다. 그의 주장에 따르면, 테일러는 "거의 대부분에 있어서 듀이주의자이다. 다만 그것을 모를 뿐이다"(Ryan 1995: 361). 테일러는 윌리엄 제임스에 대해서 통찰력 있는 글을 써 왔다. 테일러의 2002년 저작과 Benhabib and Fraser(2004)의 책에 실린 그의 논문 「실용주의란 무엇인가?」를 보라.

윌리엄 제임스가 누군가의 사고와 행위를 결정짓는 기질과 비전에 관해 이야기했던 바를 다시 한 번 상기해 보면, 하버마스와 테일러가 실용주의 사상가들과 얼마나 가까운지를 알 수 있다. 그들은 실용주의적 가류주의의 멘탈리티를 표현하고 또 공유하고 있다. 이러한 공유점은 동일한 멘탈리티가 각기 다른 역사적 배경에서 발생하는 철학적 기획을 이끈다는 나의 기본적인 생각을 설명해 주는 것이기도 하다.

나는 메넌드가 미국의 실용주의 사상가들의 운명에 대해 이야기했던 것으로 되돌아가고자 한다. 메넌드는 미국 실용주의의 쇠퇴에 대해 일차적인 책임이 있는 것이 바로 냉전임을 대략적이나마 설명하고 있다.

> 홈즈, 제임스, 퍼스, 듀이는 추상 안에 폭력이 숨겨져 있다고 보았다. 그래서 그들은 그 폭력을 피하기 위해서 [추상적인] 이념과 원리와 신념을 인간 수준으로 끌어내리고자 했다. 이는 그들이 남북전쟁으로부터 배운 교훈들 중 하나이다. 그들의 철학이 지지하고 계획했던 정치 체계는 민주주의였다. 그리고 그들이 이해했던 민주주의는 단지 올바른 견해를 지닌 사람들이 자신들의 견해를 말하도록 허용하는 것뿐만 아니라, 잘못된 견해를 지닌 사람들도 자신들의 견해를 말할 수 있도록 허용하는 민주주의이다. 그것은 소수 의견과 반대 의견에 자리를 마련해 주는 것이며, 그리하여 종국에는 다수의 이익이 우위를 점할 수 있는 그런 것이다. (Menand 2001: 440)

그러나 냉전은 실용주의 사상가들의 개방적, 실험적, 오류 가능한 태도를 배척하는, 이와는 매우 다른 사고방식과 멘탈리티를 대변한다.

> 냉전은 원칙에 관한 전쟁이다. … 따라서 대결보다 타협을 우위에 두는 사고방식은 별로 주의를 끌지 못한다. 냉전을 반대하는 사람들조차도 원칙에 입각해서 반대를 내세웠다. 냉전이 수호하고자 하는 자유 사회의 가치가 우연적, 상대적, 오류 가능한 것이며, 어떤 목적에서는 선하지만 다른 목적에서는 선하지 않다는 생각은 그 시대의 도덕적 명령과는 양립할 수 없는 것이었다. (Menand 2001: 441)

메넌드는 맺음말에서 다음과 같이 말하고 있다.

> 일단 냉전이 끝나자 홈즈, 제임스, 퍼스, 그리고 듀이의 사상은 그들이 사라질 때만큼이나 갑자기 부상하기 시작했다. 지난 40년간 별 관심을 보이지 않았던 미국과 그 외의 나라들에서 매우 진지하고 강도 높게 연구되고 토론되기 시작한 것이다. 냉전 이후의 세계에서는 단 두 개의 신념 체계가 경쟁하는 것이 아니라, 여러 가지 신념 체계들이 경쟁한다. 그렇기 때문에 어떤 특정한 신념 체계가 궁극성(최종성)을 가진다는 생각에 대한 회의주의는 일부 사람들에게 다시 중요한 가치로 인식되기 시작하였다. 정치 이론도 이런 회의주의의 영향을 받았다. 민주주의 이론은 다른 모든 가치들을 타당한 것으로 인정하는 가치이다. 이런 식의 사고방식에서 민주적 참여는 목적을 위한 수단

이 아니라, 그 자체로 목적이다. 실험의 목적은 실험을 계속 수행하는 데 있다. (Menand 2001: 441)

메넌드는 9/11 직전에 이 글을 썼다. 그리고 이 불행한 사건이 있은 이후로 지배적인 사고방식에 급격한 변화가 일어났다. 우리는 미국의 남북전쟁, 냉전, 그리고 새로운 "테러와의 전쟁"의 실제적인 차이를 간과해서는 안 된다. 이것들 각각은 매우 다른 기원과 이유로, 극히 다른 역사적 상황에서 발생하였다. 그러나 이들 다양한 시대와 상황에서 지배력을 획득한 멘탈리티에는 어떤 불안한 유사성이 존재한다. 그것은 확고한 원칙, 도덕적 확실성, 그리고 대결에 호소하는 것이다. 여기서는 뉘앙스라고는 찾아볼 수 없고, 오직 선과 악의 흑백 대립만 있을 뿐이다. 이것은 유사 마니교의 세계이다. 이것이 유사類似 마니교인 이유는, 원래의 마니교 신자들은 신과 사탄이 영원히 함께 공존한다고 믿었기 때문이다. 그렇다면 거기에는 악에 대한 최종적인 승리는 있을 수 없다. 그러나 오늘날 우리는 궁극적으로 선이 악으로부터 승리를 거둘 것이라는 소리를 듣고 있다. 이는 우리의 정치 지도자들뿐 아니라 자신들의 대의의 정당성을 확신하고 있는 전투적인 광신주의자들로부터도 듣는 소리이다. 이 양쪽 입장은 모두 신이 자신들의 편이라고 확신하고 있고, 자신들의 대의를 정당화하고자 한다. 이러한 강경한 대립으로부터의 이탈은 우유부단함과 나약함의 징표로 해석된다. 여기에는 또한 통렬한 성적인 언외의 의미도 존재한다. 터프함, 강인함, 결단성, 고집과 같은 "남성적인" 덕목이 두드러진다. 이것에 반대하는 이들은 "여성화된" 사람들이다. 그들은 예민하고, 결단성이 없고, 나약하다. 그들은 "계집애 같은 소심한 겁쟁이들"이다.

미국에서 실용주의의 영향력이 절대적 저점 — 최하점 — 을 보인 것은 냉전의 시작과 일치하며, 냉전이 끝나면서부터 실용주의에 대한 관심이 최대로 부활하기 시작했다. 그러나 실용주의의 쇠퇴와 소생에 관한 이야기는 — 메넌드 자신이 말하고 있듯이 — 이보다 더 복잡하다. 실용주의 사상가들이 과소평가된 데에는 여러 가지 요인이 있었다. 제2차 세계대전이 일어나기 전 수십 년 동안 철학 분야에서 지적 전문주의professionalism가 급성장했다. 철학자들 사이에서는 기술적이고 논리적이며 논증적인 정교함이 새롭게 강조되었고, 폭넓은 정치적·사회적 이슈들에 대한 관심은 약해졌다. 듀이의 인기가 최고 절정이었을 당시, 그는 철학자들에게 그들의 비전을 확장할 것을, 철학의 전통적인 물음에 대한 배타적인 관심에서 멀어질 것을, 그리고 그들의 관심을 "인간의 물음들" — 인간 존재들이 그들의 일상의 삶에서 부딪히는 물음들 — 에 집중시킬 것을 강력히 당부하였다. 그러나 1950년대까지 많은 강단 철학자들은 "철학의 물음들"에 — 그리고 그것들을 풀어 가는 것에 — 과도하게 집중했다. "인간의 물음들"을 제기하는 대중적 지식인으로서의 철학자라는 생각 자체가 조롱의 대상이 되었다. 철학 분야는 너무 전문화되고 비밀스러워져서, 철학을 전공하지 않는 사람들과는 상관이 없는 것으로 보였다. 지난 수십 년에 걸쳐 실용주의는 부활해 왔다.[3] 그러나 이러한 관심은 여전히 주로 학계에 한정되어 있었다. 홈즈, 제임스 또는 듀이와 같은 사상가들이 지녔던 영향력과 호소력을 갖춘 지성인은 오늘날 미국에서 찾아보기 어렵다.[4]

그러나 가류주의적 실용주의가 지향하는 것의 변천은 또 다른 방식에서 이해될 수 있다. 고전적 실용주의 사상가들은 오늘의 우리에게는 시대에 뒤떨어지고 또 우리와는 별 관련성이 없는 것처럼 보이지만, 그것은 하나의 역사적인 철학 운동으로서 중요한 것을 포함하고 있다. 이 점은 실용주의적 관점에서 중요한 의미가 있다. 지속적인 자기 교정적 탐구에 대한 강력한 옹호자들로서 실용주의자들은 이 지속적인 자기 교정이 자신들이 개진한 주장에도 적용된다는 것을 강조한 최초의 사람들일 것이다. 그들은 또한 철학적 사색은 언제나 그 구체적인 역사적 맥락 속에서 이루어진다는 점을 의식하고 있기 때문에, 철학은 서로 다른 역사적 맥락에서 생겨나는 새로운 문제와 갈등의 견지에서 재고되어야 한다고 주장할 것이다. 그러나 실용주의에는 그것이 발생한 역사적 맥락을 넘어서 지속되는 실용주의적 에토스의 중요한 핵심이 존재한다. 퍼스, 제임스, 그리고 듀이는, 일단 확

---

3. Bernstein(1992)과 Dickstein(1998)을 보라.
4. 실용주의 전통에 서 있는 가장 유명한 철학자는 리처드 로티Richard Roty이다. 로티는 인문학자들과 폭넓은 교류를 하고 있지만, 많은 "직업적인" 분석철학자들은 그가 "진지하고" 엄밀한 사유를 포기했다고 생각한다. 그러나 로티는 제임스, 홈즈, 듀이가 누렸던 것과 같은 대중적 영향력은 없다.

실성 탐구의 문제점이 폭로되고 절대성의 추구에 대한 비판이 가해진다면, 그리고 우리가 이제 더 이상 영원한 형이상학적 위안은 존재하지 않으며, 따라서 예기치 않은 우연과 위험에 이성적으로 맞서 나가야 한다는 것을 깨닫는다면, 더 이상 후퇴 ― 선과 악의 단순한 이원적 대립의 세계로의 복귀 ― 는 없을 것이라고 생각했다. 그러나 **그들은 틀렸다.** 그들은 자신들이 맞섰던 멘탈리티의 매력 ― 특히 위기와 긴장 그리고 공포가 감지되는 시대에 ― 을 과소평가했다. 그러나 실용주의적 가류주의의 멘탈리티가 우세해질 것이라는 희망에서, 가류주의의 멘탈리티의 덕과 실천 관행이 살아 있는 현실이 되게 하기 위해서는 우리의 지속적이고 끊임없는 노력이 요구된다는 인식이 언제나 자리하고 있었다. 우연성, 불확실성과 더불어 사는 것은 쉬운 일이 아니다. 안전과 확실성에 대한 강한 갈망은 언제나 존재한다. 그리고 흑백으로 나뉘는 보다 단순화된 세계, 즉 선과 악에 관한 애매함이라고는 전혀 존재하지 않는 단순화된 세계로 **후퇴**할 가능성도 언제나 존재한다. 가류주의적 에토스에 대한 위협은 언제나 존재하기 때문에, 이것을 모든 사람들의 일상생활 속에서 살아 있는 현실이 되게 하기 위해서는 열정적인 헌신과 인내가 요구된다. 그리고 오늘날 그 위협은 그 어느 때보다도 심각하고 또 불길하다. 우리는 다른 모든 전쟁들과는 다른 새로운 종류의 전쟁 ― "테러와의 전쟁" ― 에 참여하고 있다는 소리를 듣고 있다. 그리고 우리가 이 전쟁에서 이기려면 실용주의적 가류주의자가 되는 사치를 부릴 수는 없다는 말도 듣고 있다.

오늘날 — 9/11 이후로 — 우리가 직면하고 있는 것은 멘탈리티 간의 충돌이다. 그리고 이것은 도덕, 정치, 종교를 가로지르는 충돌이다. 그것은 인간 경험의 모든 영역에서 나타난다. 요즘은 확실성의 탐구와 절대성의 추구를 종교와 연관 짓는 추세이다. 세계에서 가장 강력한 국가의 대통령이 민감한 정치적·군사적 결정을 정당화하기 위해 신에게 호소하고, 스스로를 악에 맞서 싸우는 전쟁의 지도자라고 간주하는 이때, 또한 그가 종말론적인 수사修辭를 받아들이는 이때, 그를 비판하는 사람들이 이러한 "종교적" 주장들에 대해 왜 그토록 회의적인지를 이해하기는 어렵지 않다. 그리고 그 결정적인 차이들을 과소평가해서는 안 되겠지만, 악한 무리들에 맞서 싸우는 지하드 — 성전聖戰 — 를 정당화하기 위해 신에게 호소하는 무력 집단들과 유사점을 보이는 것은 우려할 만하다. 그러나 문제는 종교가 아니다. 오히려 문제는 종교에서 우세한 멘탈리티이다. 우리는 위대한 세계 종교들 내부에서도 똑같이 멘탈리티들 간의 충돌을 발견한다. 실용주의적 가류주의의 멘탈리티는 반反종교적이 아니다. 그것은 반독단주의적이고 반이데올로기적이다.

내가 강조하고자 하는 요점은 실용주의를 넘어선다. 위대한 종교적 전통에서는, 진정한 종교적 신앙은 의문을 허용하는 신앙이라고 주장하는 신자들이 늘 있어 왔다. 우리는 종교적 신앙과 이데올로기적 광신주의를 혼동해서는 안 된다. 그리고 우리는 이데올로기적 광신주의가 나타날 때마다 — 그것이 종교적인 형태를 보이든 아니면 비종교적인 형태를 보이든 상관없이 — 그것에 열정적으로 맞서야 한다. 우리는 적을 악마화하고, 잘못된 이분법을 강요하면서 복잡한 현실을 지나치게 단순화하며, 확실성에 대한 허울 좋은 주장을 하고, 비판적 사고를 훼손하는 가운데 이루어지는 악의 남용에 열렬히 반대해야 한다.

3. 도덕적 확실성과 열정적 헌신

나는 앞에서 실용주의적 가류주의의 멘탈리티를 기술하고, 그것을 절대성, 도덕적 확실성, 선과 악의 흑백논리에 호소하는 멘탈리티와 대조하였다. 그러나 여기서 내가 일부 중요한 문제들을 간과하고 있다는 반대가 당연히 제기될 수 있다. 어떤 비평가는 내가 실용주의적 가류주의냐 아니면 절대성에의 호소냐 하는 새로운 잘못된 양자택일을 제시하고 있다고 비판할 수도 있을 것이다. 그러한 양자택일의 논리는 우리가 오늘날 직면하고 있는 실제 상황을 왜곡한다. 가류주의는 확실히 우리가 심의를 기대할 수 있는 상황 ― 우리가 개방적이고 비판적인 대화에 기꺼이 참여하려는 합리적인 개인들을 상대하는 상황 ― 에서 선호되는 에토스이다. 그러나 오늘날 우리가 처한 상황은 그렇지 못하다. 우리는 갈수록 교묘해지는 테러리즘이 근본적으로 새로운 위협을 제기하는 그런 세계에서 살고 있다. 우리는 테러리스트들이 대량 살상을 위해 화학 무기, 생물학 무기, 심지어 핵무기를 조만간 보유하게 될지도 모르는 현실적인 가능성에 대처해야 한다. 우리가 악이라고 이해하는 것에 대한 단일한 본질이나 정의는 당연히 없다. 그러나 무고한 희생자들에 대한 고의적인 살해는 이제까지 항상 악을 입증하는 예들이었다. 어쩌면 어떤 비평가는 내가 새로운 형태의 악이 20세기에 출현했다는 점을 이미 시인한 바 있지 않느냐고 따질지도 모른다. 우리가 지금 새로운 형태의 악과 맞닥뜨리고 있다는 것을 왜 인식하지 못하는가? 실용주의자들의 난점은 그들이 늘 악에 맞서는 데 있어서 거북함을 느낀다는 것이다. 실제로 "악"은 그들의 어휘의 일부가 아니다. 그들은 우발성과 위험에 대해 말하지만, 현재 존재하는 실제real 위험에 관해서는 현실적이지 않다. 물론 심의, 협상, 설득은 바람직하다. 그러나 우리는 그것들이 오늘날 "테러와의 전쟁"과 같은 극단적인 상황에서는 제대로 작동하지 않는다는 점을 깨달아야 한다. 우리가 상대해야 하는 사람들은 무자비한 광신적 살인자들이다. 우리는 결단력이 있고 강인하며 일관적이어야 하며, 이러한 새로운 악에 맞서 싸우는 것에 충분히 헌신해야 한다. 실용주의의 진정한 취약점은 그것이 결단력과 열정적 헌신을 정당화할 수 있는 요소를 결여하고 있다는 데 있다. 그러한 헌신은 확고한 믿음 — 자신의 대의가 정당하다는 도덕적이고 정치적인 확실성 — 에 달려 있다. 그렇지 않다면 우리는 적에 대항해 싸우는 데 필요한 희생을 감내할 의지와 인내를 결여하게 될 것이다. 여기서 중요한 문제는 이러한 새로운 악에 맞서 싸우는 데 요구되는 것을 행하는 것과 같은 매우 **실천적인**practical 것이다. 실용주의자들은 항상 우리에게 결과에 비추어서 관념(idea, 생각)을 판단해야 한다고 말한다. 실용주의자들의 이 주장은 좋은 의도에서 나온 것이다. 하지만 이 멘탈리티는 원칙에 입각한 헌신과 분명하고 단호한 행동을 방해하는 우유부단함과 동요하기 쉬운 애매함이라는 실제적인 결과를 낳는다.

이러한 반대는 매우 중요하다. 따라서 우리는 그것과 정면으로 대적할 필요가 있다. 이것은 실용주의가 너무 순진하게 낙관적이어서, 인간 삶의 비극적인 어두운 측면, 인간 존재의 사악함, 악의 비타협성을 충분히 이해하지 못하고 있다는 기존 비판들의 변형들이다. 듀이가 살아 있을 당시에, 라인홀드 니부어Reinhold Nibuhr는 그에게 이런 비판을 가했다. 보다 최근에는 잭 디긴스Jack Diggins에 의해 되풀이되었다. 또 본인 스스로가 실용주의 전통에 서 있다고 생각하는 코넬 웨스트Cornel West조차도 실용주의자들이 정말로 악을 다룰 수 있는 요소를 갖추고 있는지에 대해 우려한다.[1]

시드니 후크Sidney Hook는 실용주의가 너무 순진하게 낙관적이고 비극과 악을 다룰 만한 요소를 결여하고 있다는 비판에

---

[1]. 듀이에 대한 니부어의 비판과 이에 대한 듀이의 반론에 관한 설명은 Rice(1993); Westbrook(1991); Diggins(1995)를 보라. 또한 코넬 웨스트의 에두아르도 멘디에타Eduardo Mendieta와의 인터뷰 그리고 시드니 후크의 1974년 저작에 실린 「라인홀드 니부어의 도덕적 비전」을 보라.

대해 가장 예리하면서 가장 좋은 대답을 제시하였다. 후크는 존 듀이의 제자이자 긴밀한 동료였다. 그는 실용주의로 전환하기 이전의 젊은 시절에 한때 헤겔-마르크스주의적 전통에 관여하였다. 그러나 그는 훗날 미국의 많은 자유주의자들과 뜻을 함께하면서 공산주의에 대한 가장 통렬하고도 강력한 비판가들 중 한 사람이 되었다. 그는 실용주의자들의 "불독"으로 알려져 있다. 1974년에 출간된 그의 저서 『실용주의와 삶의 비극적 의미』는 실용주의가 천박하고 너무 순진하다는 반복되는 비판에 맞서 강한 어조로 결정적인 반론을 제시하고 있다. 이 책에 포함된 글들은 대단히 생동적이고 신선해서, 그 내용들은 오늘날의 우리 상황에도 매우 적합하다.[2] 후크는 기존의 실용주의에 대한 풍자를 "낙관주의, 무비판적 수용과 순응, 성공 숭배의 천박한 철학"으로 냉소적으로 요약한다. 퍼스, 제임스, 듀이에 대한 편향적 독해에 근거한 이러한 왜곡은 실용주의적 기질의 가장 중요한 내용을 놓치고 있다.

> 실용주의는 단순히 관념들을 행동에 옮겼을 때 나타나는 결과에 비추어서 관념들을 명료화하는 방법이 아니다. 그것은 사람들이 어떤 대안적 제안들이 그들에게 놓여 있는지를 깨닫게 될 때 직면하는, 중대한 선택 사항들을 대하는 마음의 기질이다. 실용주의는 이상과 행

---

[2] 비극과 악에 대한 실용주의적 의미를 이해하는 것과 특히 관련이 있는 두 논문은 「실용주의와 삶의 비극적 의미」(1960)와 「인간 역사에서 지성과 악」(1947)이다.

위의 효능을 강조함과 동시에 그것들의 피할 수 없는 한계들을 강조한다. 실용주의는 총체적인 해결과 대대적인 구원의 맹세를 강력히 부정하고, 대신에 점진적인 개선을 옹호한다. 그러나 실용주의는 서로 갈등하는 이해관계와 가치들의 궁극적인 해결이라는 쉬운 공식을 채택히지 않고, 우리가 그 개선을 이루기 위해서 우리의 목숨을 기는 상황에서도 약간의 손실이 생길 수 있는 현실을 인정한다. (Hook 1974: 4-5)

우리는 — 신중한 심의 후에도 — "서로 갈등하는 이해관계와 가치들"을 전혀 화해시킬 수 없는 어려운 선택과 갈등하는 선택지에 자주 직면하게 된다. 그리고 우리가 이런 선택을 내릴 때에는 우리에게 놓인 한계를 정확히 인식할 필요가 있다.

우리의 선택이 아무리 지적이고 또 인간적이라고 해도, 제임스가 주장한 바와 같이 "실제 손실과 실제 패자들"이 존재한다. 우리는 위험하고 모험적이며 심각한 세계에서 살고 있다. 제임스는 계속 말한다. "인생의 바로 그 '심각함'이 의미하는 것은, 불가항력적인 부정과 손실이 삶의 일부를 형성한다는 것, 그리고 진정한 희생이 존재한다는 것, 영구적으로 비극적이며 혹독한 어떤 것이 그 운명의 바닥에 늘 머물러 있다는 것이다." (Hook 1974: 5)

이것은 비평가들이 그간 간과해 온, 실용주의의 가장 중심부에 자리한, 실용주의의 한 측면이다. 후크는 스페인 철학자 미구엘

데 우나무노Miguel de Unamuno의 표현을 인용하면서, 실용주의는 "삶의 비극적 의미"에 대한 인식 위에 서 있다고 말한다. 후크가 삶의 비극적 의미라는 말로 의미하는 바는 정확히 무엇인가?

> 우리가 "나는 무엇을 해야만 하는가?"라고 묻게 되는 도덕적 곤란과 난처함의 모든 진정한 경험들은 선과 선이 갈등을 일으키는 상황에서 일어난다. 만일 우리가 무엇이 악인지 이미 알고 있다면, 도덕적 질문은 이미 끝났거나 다시 시작되지 않는다. 듀이는 "나쁜 것 또는 악은 거부된 선이다"라고 말하지만, 우리가 그것을 거부할 때까지의 상황은 명백한 선이 명백한 선을 거부하는 상황이다. "삶의 모든 심각한 복잡성들은 상황의 가치에 따라 판단을 해야 하는 진정한 어려움으로 되돌아간다. 즉, 그것들은 선들끼리의 갈등으로 되돌아간다." 우리가 그 상황을 어떻게 해결하든지 간에 일부 선은 희생될 것이고, 다른 것들만큼 강렬하고 또 진정한 것일 수 있는 일부 이해관계는 수정되거나 좌절될 것이며, 심지어는 억압될 것이다. (Hook 1974: 13)

삶에는 "작은 비극들"도 있지만, 도덕적 딜레마의 비극적인 성질은 우리가 직면하는 갈등과 선택이 ― 윌리엄 제임스의 표현을 빌면 ― 매우 중대하고 강요된 경우에 보다 극적으로 나타난다. 듀이가 우리에게 말하듯이, "오직 관습적인 사람과 광신적인 사람만이 항상 즉각적으로 행위의 옳음과 그름[또는 선과 악]을 확신한다."

우리는 어려운 선택을 해야 할 뿐만 아니라, 후크가 강조한 바와 같이, 양립할 수 없고 화해할 수 없는 가치들이 갈등하는 도덕적 딜레마와 정치적 딜레마에 봉착한다. 실용주의자들이 우리의 결정과 행위의 결과에 대한 심의와 탐구, 신중한 평가를 강조했던 이유도 바로 이것 때문이다. 실용주의자들은 인간 삶에서 갈등을 — 심지어 화해할 수 없는 갈등조차도 — 과소평가하지 않는다. 듀이의 통찰력 있는 관찰에 따르면, 만일 우리가 악이 무엇인지 이미 알고 있다면, 도덕적 탐구는 끝나거나 결코 다시 시작하지 않을 것이다. 단순히 어떤 것 또는 어떤 사람에게 악하다고 이름 붙이는 것만으로는 도덕적 탐구가 아니다. 이렇게 이름 붙이는 것이 감정적인 호소력은 있을지 몰라도, 그것은 우리의 선택을 모호하게 하고 왜곡시킨다. 실용주의자들은 행위자의 관점*agent's perspective* — 선택하고 결정을 내려야 하는 이들의 관점 — 을 강조한다. 여기서 중요한 물음은 항상 우리가 위험하고 위협적이며 부정의한 상황이라고 여기는 일에 어떻게 대응해야 하는가이다. 우리가 어떤 사람이나 어떤 것이 악하다고 결론지을 때, 우리는 우리가 의미하는 바가 무엇인지 설명하고 정당화할 준비가 되어 있어야 한다. 왜냐하면 우리는 여전히 이 구체적인 악에 어떻게 대응할 것인지를 결정해야 하기 때문이다. 도덕적 선택이나 정치적 선택을 내릴 때에는 심의와 질문이 항상 필요하며, 또한 거기에는 불일치의 가능성도 언제나 존재한다. 합리적인 개인들은 무엇이 행해져야 하는가에 관하여 불일치할 수 있고 또 실제로 불일치한다. 게다가 우리는 충분한 심의적 탐구에 참여할 수 있는 기회조차도 없이 어떤 행위를 해야 하는 경우도 자주 있다. 이것이 바로 실용주의자들이 우리에게 단호하게 행위할 수 있도록 해 주는 습관, 성향, 실천을 길러야 할 필요를 그토록 강조한 이유이다. 실용주의적 멘탈리티가 무한한 토론을 요구한다고 암시하는 것은 잘못된 풍자적 비판이다. 행동, 실천, 행위를 이처럼 중요하게 강조한 다른 철학 사조를 생각해 내기는 어렵다. 우리의 선택과 결정의 한계와 **오류 가능성**fallibility을 인정하는 것과 **결단력**이 있는 것 사이에 양립 불가능할 것은 전혀 없다. 오히려 이는 책임 있는 행위를 위해 필요한 것들이다. 우리는 무슨 일을 하든지 거기에는 항상 의도되지 않은 그리고 예측 불가능한 결과가 생길 수 있다는 것을 인정해야 한다. 이러한 결과를 인정하고 그것을 지적으로 평가하는 작업은 우리의 행동에 변화를 요구할 수도 있다. 가류주의는 우리가 우리의 실수로부터 배운다는 ― 배워야 한다는 ― 상식적인 깨달음을 진지하게 받아들인다. 우리는 인간의 유한성과 한계 때문에 실수를 범하지 않을 수 없다. 우리의 실수를 인정하기 위해서는 상상력과 용기가 필요하다. "확고부동함"과 "방침을 고수하는 것"이 덕목이긴 하지만, 그것 때문에 우리가 우리의 행위와 선택의 바람직하지 못한 결과를 무시하게 된다면, 그것들은 더 이상 덕이 아니라 악덕이다. "자신들이 남들에게 가할 수 있는 인격적인 위해를 자랑삼는 이들의 잔인함은 차치하고서라도, 잔인함의 가능성은 항상 존재하는 인간 한계의 이면의 사실이다. 우리는 모두 우리가 알고 있는 것보다 더 잔인하다. 그것은 우리가 악하기 때문이 아니라, 우리의 감각과 상상력의 영역이 제한되어 있기 때문이다"(Hook 1974: 29).

우리는 융통성과 반성적反省的 지성을 우유부단함과 혼동해서는 안 된다. 오늘날 매우 문제 있고 의심스러운 행위 방식을 "정당화하기" 위해서 악에 호소하는 방법이 사용되고 있다. 악을 남용하는 데에는 본질적으로 매우 다른 현상들을 모두 묶어서 단 하나의 실체화된 사악한 적으로 **뭉뚱그려 버리는 조작** — 그리고 때로는 냉소 — 이 존재한다. 사담 후세인, 오사마 빈 라덴, 팔레스타인의 자살 폭탄 테러범들, 체첸 반군들이 마치 하나의 사악한 적 — 또는 하나의 전 지구적 음모의 일부 — 인 것처럼 한데 묶여서 다뤄지고 있다.[3] 그리고 이것이 그렇지 않다는 것 — 우리의 안전을 위협하는 하나의 "악의 세력"이 존재한다고 믿는 것이 정치적으로 재앙이라는 것 — 을 명확하게 해주는 사실적 증거는 무시되거나 고의적으로 억압되고 있다. "테

---

3. 마크 대너Mark Danner는 그의 기사 「부시는 어떻게 승리했는가?」에서 대통령 선거 기간 동안에 "테러와의 전쟁"에 관한 부시의 연설을 분석하고 있다. "짧은 몇 줄 안에 부시는 테러와의 전쟁이라는 눈에 띄게 빛나는 기치 아래 다른 모든 것들을 포섭한다. 그리고 다시 그 전쟁을 솔직함, 단호함, 강인함이라는 자신의 명성 아래 포섭한다. 그리고 그는 불확실성, 주저함, 망설임을 — 심지어 테러와의 전쟁과 이라크 전쟁을 구별하고자 하는 세밀함마저도 — 실수나 어리석음이 아니라 위험한 것으로 치부해 버린다. '가차 없이' … '확고 부동하게' … '단호하게' 같은 단어들이 빠르고 강하게, 반복해서 등장한다. 그런 다음에 '**우리는 전 세계에서 테러리스트들과 싸울 것입니다. 그러면 우리 조국에서 그들과 싸울 필요는 없을 것입니다!**' 라는 구절에서 절정에 달한다"(2005: 50).

러와의 전쟁"이라는 표현 자체가 대단히 잘못된 것이다. 테러는 적이 아니다. 테러는 각기 다른 목적을 가진 각기 다른 집단들이 사용하는 전술과 전략의 한 복합체이다. 그러나 적을 악으로 또는 "악의 축"의 일부로 이름 붙이기를 너무도 선호하는 이들은 이런 명백한 사실을 인정하지 않는다. 악의 남용 — 악의 실체화 — 은 전 세계의 많은 사람들이 왜 테러리스트들에게 동조하는지에 대한 진지한 탐구의 길을 막아 버린다. 또한 그것은 전 세계적 중요성을 갖는 하나의 현상 — 자신들이 끊임없이 그리고 체계적으로 **굴욕당하고** 있다고 믿는 이들이 표출하는 분노 — 에 대한 탐구의 길을 막아 버린다. 굴욕은 이 지구화된 세계에서 중요한 사회적·정치적 힘들 중 하나이다. 그리고 굴욕이 사람들을 동기 유발시키는 힘에 대해서는 아직 제대로 이해하지 못하고 있다. 광신적인 테러리스트들이 저지르는 악만 존재하는 것이 아니라, 굴욕을 주는 행위를 일삼는 자들이 저지르는 악도 존재한다. "근대사에는 인간의 상상력과 감수성의 한계 때문에 수백만 명의 운명을 짓밟는 엄청난 규모의 잔인함, 즉 눈앞에 보이지 않는 것은 견디기 쉽고 마음에 없는 것을 견디기는 훨씬 더 쉽다는 이유 때문에 사람들이 저지른 엄청난 잔인함이 존재한다"(Hook 1974: 29). 우리의 "악한 적들"과 싸우는 데 사용되는 전술과 전략이 테러리스트들이 계속해서 번성하는 환경을 창출하는 의도하지도 않은 결과를 낳을 수도 있다. 그러나 이것에 관한 의문은 제기되지 않고 있다. 테러리즘은 프로테우스처럼 새로운 형태를 계속 취한다. 그리고 우리가 정직하다면, 우리에게는 테러리스트의 도발을 완전히 제거할 수 없다고 믿을 만한 좋은 이유가 있다. 우리가 할 수 있는 일은 알려진 테러리스트들을 제거하기 위해 노력하는 것, 그리고 서맨서 파워가 지적하듯이, "동조자들과 전투원들을 구분하고 개종자들을 최소화시키기 위한 복잡하고도 정교한 노력을 기울이는 것이다. 테러리즘은 또한 우리의 과거 정책이 어떻게 그토록 악의에 찬 원한을 불러일으켰는지 이해할 것을 요구한다"(2004: 37). 그러나 오늘날 그러한 이슈를 제기하고 토론하려는 사람들은 곧잘 애국자가 아니라는 비난을 받는다.

"악한 사람들이 사람들에게 행할 수 있고 또 행해 온 바를 제대로 아는 것이야말로 인간 역사에 대한 모든 지성적인 평가에서 필수적인 일이다"(Hook 1974: 30). 우리는 구체적 악들의 다양한 근원들을 알아야 한다. 구체적 악들은 "무지, 무감각, 심지어 인습적으로 선한 사람의 무딘 상상력에서도" 생길 수 있다. 9/11 이후의 악에 관한 담론은 악에 관한 가장 원시적인 개념들 중 하나에 기초해 있다는 점에서 **퇴행적**이다. 우리는 적을 악마로 만들고, 적을 사탄에게 씐 사람 — 악 그 자체를 위해서 악을 행하는 사람 — 으로 간주한다. 그러나 우리가 20세기로부터 그리고 한나 아렌트와 프리모 레비Primo Levi 등 여러 저술가들로부터 배워야 하는 교훈은, 우리가 악을 사악한 악마가 된 개인들의 행위로만 이해하는 한, 결코 우리는 우리가 경험하는 최악의 악들을 제대로 이해할 수 없다는 것이다.

두려움에는 지성적인 두려움과 비지성적인 두려움이 있다. … 지성적인 두려움은 우리로 하여금 실제 위험에 대비하도록 해 주고 또 환경을 변화시키거나 우리의 행동을 바꾸도록 함으로써 테러와 고통의 발생을 줄일 수 있게 해 준다. 지성적인 두려움은 반드시 위험과 비례해야만 한다. 위험과 두려움 간의 비례의 부재不在는 공황 상태의 히스테릭한 반응을 야기한다. 근거 없는 두려움과 근거 있는 두려움을 구별하지 못함으로써 정치적 사고가 종종 왜곡되기도 한다. (Hook 1974: 58)

"그러나 암울한 것은, 전략적 힘을 축적하기 위해서 행동을 보류하는 경우를 제외하고, 다른 대안들이 있을 수도 있는 상황에서도 야만적인 무력에 어느 한편 또는 다른 한편이 의존하기만 할 뿐, 이유를 되물을 의욕이나 협상하고자 하는 기대가 전혀 없는 경우가 때때로 존재한다는 사실이다"(Hook 1974: 23). 실용주의적 멘탈리티는 관용에도 한계가 있다는 점을 인정한다. 우리는 **능동적인 불관용자들** — 토론, 대화, 그리고 합리적 설득의 가능성조차도 완전히 무시하려는 사람들 — 에게 관용을 베풀 수는 없다. 그러나 우리는 관용의 한계를 어떻게 결정할 수 있는가? 언제 무력을 사용하는 것이 정당한지 결정할 수 있는 기준은 무엇인가? 실용주의적 관점에서 보면, 이러한 질문들은 **추상적인** 방식에서 대답할 수 있는 문제가 아니다. 그것들은 특수성, 역사적인 맥락의 탐구, 그리고 위험을 감수하는 선택을 요구한다. 그러나 만일 건전한 실용주의적 가류주의의 덕목과 실천 관행이 우세하다면, 거기에는 반대되는 의견을 기꺼이 들으려는 자세와 우리의 선택과 행위의 결과에 대한 지성적인 평가에 비추어서 우리의 행위를 수정하려는 개방적 태도가 존재할 것이다. 또한 거기에는 시민의 자유를 억압하는 것에 대한 강력한 저항이 존재할 것이다.

그러나 여전히 실용주의에 대한 반론, 즉 토론, 대화, 설득에 대한 실용주의적 호소는 고상하지만, 실용주의는 비합리적인 열정에서 동기 유발된 광신주의의 특징을 제대로 파악하지 못한다는 반론이 제기될 수 있다. 바로 이것이 라인홀드 니부어가 존 듀이에게 제시한 반론이었다. 니부어는 듀이가 자신의 희망을 자기 충족적 이유에 근거를 두는 합리주의자라고 비판하였다. 그러나 듀이는 이에 대해 이것이 사회적 지성에 대한 실용주의적 개념의 모습이라고 곧바로 응수했다. 듀이는 많은 전통 철학자들이 이성을 설명하는 방식 — 마치 이성이 내재적 힘을 가진 특별한 능력인 것처럼 설명하는 것 — 에 반대했기 때문에 이성reason이라는 표현보다는 지성intelligence이라는 표현을 선호했다. 지성은 자율적인 능력이 아니다. 지성은 타고난 것이 아니라 후천적으로 계발될 필요가 있는 일련의 습관, 성향, 덕목들로 이루어진다. 듀이는 니부어에 대한 반론에서 "지성은 그 자체만으로는 권력이 아니다"라고 단언하였다. 그것은 "오직 그것이 욕구들, 효율적 요구들의 어떤 체계로 통합될 때에만" 권력이 된다. 실용주의는 인간의 감정과 열정의 중요성을 부인하지 않는다. 그 요지는, 이러한 열정들을 지성으로 길들여서 보다 인간적인 것으로 만드는 것이다.

실용주의적 기질을 비판하는 사람들은 자신들이 반대하는 이들을 "부드러운 마음의 감상주의자들tender-minded sentimentalists"이라고 조롱하면서, 스스로를 곧잘 "강인한 마음의 현실주의자들tough-minded realists"이라고 말한다.[4] 그러나 후크는 이러한 공격에 날카로운 답변으로 일격을 가한다. 1947년에 쓰인 그의 책은 어쩌면 지금 쓰여진 것이 아닌가 하는 생각이 들 정도이다.

> 이 "강인한 마음"은 지성의 포기를 의미하는 또 다른 표현이다. 그것은 애매하게 정의된 어떤 목표에 대한 맹목적 충성 아래 모든 문제를 유야무야 덮어 버리면서, 특정 문제들과 그 문제들을 다루는 특정 방식들에 대한 논의를 거부한다. 그것은 스스로를 맹목적인 신앙, 즉 무슨 일이 일어나든지 종국에는 제대로 될 것이라는, 본질적으로 종교적인 신앙으로 감싼다. 그것은 실제 결과를 통해 언어적 공언을 판단하고자 하는 그 어떤 시도도 용인하지 않는다. 따라서 이것은 진실을 마주 대하지도 못하고 진실과 함께할 수도 없다는 점에서 실제로는 전혀 강인한 마음의 태도가 아니다. 오히려 그것은 그 종교적인 소망을 역사의 신비로운 "활동"으로 이해하는 부드러운 마음의 감상주의이다. (Hook 1974: 35)

---

4. 윌리엄 제임스는 철학적 논의 안에 "강인한 마음"과 "부드러운 마음"의 구분을 도입하였다. 그의 주장에 따르면, 실용주의는 "두 종류의 요구를 모두 만족시킬 수 있다." James(1977)의 「당면한 철학의 딜레마」를 보라.

여기서 우리는 문제의 핵심 — 내가 이 장의 서두에서 열거했던 비판들 속에 암묵적으로 가정되어 있는 것 — 으로 되돌아왔다. 그 암묵적 가정은 "강인한 마음의 실재론," 강함, 강력함, 단호함, 집요함은 흔들리지 않는 **도덕적 확실성** 위에 서 있다는 가정이다. 어떤 확고한, 절대적, 도덕적 신념이 없다면, 우리는 악을 물리치기 위해 요구되는 바를 해야겠다는 결심을 할 수 없다는 것이 그렇게 가정하는 이유이다. 그러나 우리는 바로 여기에서 **주관적인 도덕적 확신**subjective moral certitude이 추정된 객관적인 **도덕적 확실성**objective moral certainty으로 치달아 내려가는 오류의 비탈길을 발견하게 된다. 누군가의 개인적 확신의 강도는 그 사람이 제기하는 주장의 진리나 옳음을 정당화하기에는 **결코 충분하지 않다**. 바로 이것이 실용주의적 가류주의의 기본 개념이다. 게다가, 우리는 현재의 정치적 수사의 너무 많은 부분을 오염시키고 있는 통속적인 형태의 데카르트적 불안의 잘못을 폭로할 필요가 있다. 그것은 우리에게 강건한 도덕적 확실성이냐, 아니면 맥 빠지게 우유부단한 상대주의냐 하는 **양자택일**을 제시한다. 또 그것은 실용주의적 가류주의는 나약하고 부드러운 마음이라는 것, 그래서 테러의 악에 대항할 배짱이 없다는 뜻을 숨기지 않고 드러낸다. 소위 강인한 마음의 실재론자들은 이것을 의식적으로 또 무의식적으로 계속 반복하면서 확언하고 있다. 그러나 그것은 주관적 확신과 객관적 확실성의 혼동 위에 서 있다. 이념가들, 광신주의자들, 그리고 근본주의자들은 항상 확실성을 주장해 왔다. 역사는 폐기된 수많은 확실성들로 가득하다. 누군가가 도덕적 확실성을 가지고 있다고 단언할 때의 열정이 그 사람이 제기한 주장의 진리나 타당성을 위한 증거가 될 수는 없다. 애초에 실용주의가 발달하게 된 동기들 중 하나는, 강한 확신을 선언하는 것만으로는 우리 신념이 진리임을 정당화하기에 결코 충분하지 않다는 인식이었다. 퍼스는 이것을 기존의 신념에 매달리는 방법method of tenacity이라고 불렀다. 그리고 그가 1877년에 쓴 글은 아직도 — 아마도 그때보다 훨씬 더 — 오늘의 우리에게 시사하는 바가 있다.

> 미처 결정을 못 내리고 있는 마음의 상태에 대한 본능적인 반감이 의심에 대한 막연한 두려움으로 확대되어서, 사람들은 자신들이 이미 받아들인 견해에 발작적으로 매달리게 된다. 사람은 자신의 신념을 흔들림 없이 견지할 때에만 완전히 만족스럽다고 느낀다. 안정적이고 흔들림 없는 신앙에서 커다란 마음의 평화가 생긴다는 것은 결코 부인할 수 없는 사실이다. … 따라서 많은 경우에, 자신의 고요한 신앙에서 나오는 쾌락이 그것의 기만적 성격에서 생기는 불편함을 훨씬 능가하는 것은 당연하다. (Peirce 1992: 116)

앞서 나는, 어떤 사람을 보았[다고 했]는데, 알고 보니 내가 틀렸다는 것을 절대적으로 확신한다고 선언하는, 다소 무해한 상황을 언급했었다. 그러나 절대적인 확실성을 단언하는 것이 — 만약 기만적인 것이 아니라면 — 극히 위험하고 체계적으로 오도하는 유해한 상황이 존재한다. 미국 행정부는 사담 후세인이 대량 살상 무기(WMD)를 소지하고 있다는, 그들이 절대적으로 확신하는 지식을 바탕으로 "예방전쟁preventive war"을 정당화하는 공세를 퍼부었다.[5]

부시 정부가 대량 살상 무기의 공포를 진심으로 믿고 있었다는 것은 그들의 무조건적 논조를 통해 추측할 수 있다. 매우 권위있게 발표되는 "우리는 절대적으로 확실하게 알고 있습니다"라는 문구는 체니 부통령의 연설에 대단히 많이 나온다. 그는 또한 "사담 후세인이 지금 대량 살상 무기를 갖고 있다는 것에는 의심의 여지가 없다"는 믿음에 대해서 "의심이 없는" 사람이다. 또 한 명의 "의심이 없는" 사람은 대통령이다. "우리 정부와 다른 정부들로부터 모은 정보에 의하면, 이라크 정부가 이제까지 고안된 것들 중에서 가장 치명적인 무기들을 소유한 채 계속 은폐하고 있다는 사실에는 전혀 의심의 여지가 없습니다." 럼스펠드 국방장관은 대량 살상 무기의 소재에 관한 질문

---

5. 슐레진저Authur M. Schlesinger, Jr.는 "예방전쟁preventive war"과 "선제공격 preemptive war"을 구분하는 것의 중요성을 강조한다.

"예방"전쟁이라는 생각과 관련된 논쟁에서, 부시 행정부는 "선제"공격이라는 표현을 선호한다. 그리고 많은 사람들이 이 예를 따랐다. "선제공격"과 "예방전쟁"의 구분은 중요하다. 그것은 합법성과 불법성 간의 구분이다. "선제"공격은 즉시 분쇄해야만 하는, 직접적이고 임박한 구체적 위험에 대한 전쟁이다. 국방부 설명서에 따르면, 선제공격은 "적의 공격이 임박했다는 명백한 증거에 기초해서 개시되는 공격"이다. "예방전쟁"은 잠재적인, 미래의, 그러므로 불확실한 위협에 대한 전쟁이다 (Schlesinger, 2004: 23).

이라크 전쟁은 선제공격이 아니라 예방전쟁이다.

을 받자, 자신 있게 이렇게 답했다. "우리는 그것이 어디에 있는지 알고 있습니다." (Schlesinger 2004: 29)

그러나 우리는 지금 "의심의 여지가 없다"는 진술들과 "절대적 확실성"의 주장들이 모두 틀렸음을 알고 있다. 게다가 우리는 이러한 정보의 신빙성에 관한 의심이 조직적으로 무시되었다는 점 또한 알고 있다. 부시의 측근들이 절대적으로 확실하게 알고 있다고 주장했던 바를 그들이 정말로 그리고 진지하게 믿었던 것인지 아니면 고의로 거짓을 말하였던 것인지에 대해서는 광범위한 논란이 있어 왔다. 부시 행정부를 옹호하는 사람들은 우리 지도자들이 대량 살상 무기가 존재했었고 사담 후세인이 "급박한 위협"을 가했다고 주장하는 것을 정말로 믿었다고 말한다. 그러나 꼭 물어봐야 할 것이 있다. 우리 지도자들은 후세인이 이 무기들을 가지고 있었다는 것을 왜 그토록 쉽게 그리고 곧바로 믿었던 것인가? 우리는 행정부를 장악했던 멘탈리티의 힘 — 특히 세계를 선과 악이라는 극히 단순한 관점에서 바라보는 대통령의 성향 — 을 과소평가할 수 없다. 미국 국무부 정보조사국 요원인 그레그 틸만Greg Thielmann은 부시 행정부가 "신념에 기초해 정보를 다루는 태도faith-based intelligence attitude, 즉 '우리는 답을 알고 있다. 이 답을 지지하는 정보를 제공하라'는 태도"를 가지고 있었다고 주장했다. 피터 싱어는 다음과 같이 덧붙이고 있다.

부시와 그의 보좌진들에게 그들이 답을 알고 있다는 잘못된 확신을 가져다준 것은 아마도 일반적인 의미의 신념은 아닌 것 같다. 그것은 사담 후세인이 악이라는 생각이었다. 하워드 파인만Howard Fineman은 『뉴스위크』에 기고한 글에서 부시가 이라크와의 개전(開戰)을 어떻게 정당화했는지를 다음과 같이 적고 있다. "그는 사담 후세인이 악이라고 결정했고, 이로부터 모든 것이 나왔다." 오직 그것만으로도 사담 후세인이 대량 살상 무기를 구축하고 있는 게 틀림없다는 생각이 직관적으로 명백해진 것이다. 그러나 세계를 단지 선과 악, 회색이 존재하지 않는 흑과 백으로만 확연히 구분하는 것은 잘못이다. 이것은 우리가 상대하는 이들에 관해 더 알아볼 필요성을 없애는 방식이다. 인간의 동기와 행동의 명암을 고려하지 않는 "도덕적 명료함moral clarity"의 감각을 가지는 것은 숙고하지 않는 사람에게는 덕이 아니라 악덕일 수 있다. (Singer 2004: 211-12)

그러나 선택, 결정, 행위의 문제와 관계될 때, 확실성에 대한 호소가 그렇게 매력적인 이유는 무엇인가? 그것은, 우리가 이런 확실성을 갖추지 않는다면, 우리의 선택, 결정, 행위를 정당화할 수 있는 아무런 기초도 갖지 못할 것이라는 믿음 때문이다. 이는 폭로되고 거부되어야만 하는 잘못된 추론이다. 우리가 지성적으로 행위하고 있을 때, 우리는 자신의 행위를 정당화할 수 있는 이유에 호소한다 — 또는 그것에 비판이 가해질 때, 우리는 그렇게 할 준비가 되어 있어야 한다. 그러나 우리가 이유에 호소할 때, 우리는 구체적인 증거에 기초해서 더 좋은 논증과 더 나쁜 논증들이 존재할 수 있는 공간 안에서 그렇게 하고 있는 것이다. 만일 우리가 우리의 행위를 정당화할 수 있는 이유를 제시한다면, 우리는 이 논증들이 아무리 타당하고 설득력이 있다고 할지라도, 그것들이 그 이상의 조사와 비판에 항상 열려 있다는 점을 인정해야만 한다. 오류 가능성으로부터의 탈출은 불가능하다. 이유와 정당화의 오류 가능성을 인정하는 것이 단호하게 선택하고 행동하겠노라는 확신과 열정적인 헌신이 결여되어 있다는 것을 의미하는가? 그 대답은 분명코 '아니오!'이다. 우리는 우리가 가장 좋은 이유이자 가장 강한 확신으로 받아들인 것에 따라 행동해야 한다. 우리는 우리가 궁극적으로 신봉하는 무언가를 위해 죽을 준비가 되어 있어야 한다. 그러나 이것들 중 그 어느 것도 가류주의 — 우리가 어떤 근본적인 신념을 아무리 확고하게 가지고 있다고 할지라도, 그것들은 원칙적으로 비판과 자기 교정에 열려 있다는 믿음 — 의 훼손이나 약화를 요구하지 않는다. 좀 다른 표현을 쓰자면, 우리의 오류 가능성을 인정하는 것은 우리의 인간적 한계 human finitude를 인정하는 것이다. 이사야 벌린Isaiah Berlin은 「자유의 두 개념에 관하여」라는 그의 유명한 글에서 조지프 슘페터Joseph Schumpeter의 명언을 인용하고 있다. "자기의 신념의 상대적 타당성을 알고 있으면서도 이에 주춤하지 않고 그것을 옹호하는 것, 그것으로 문명화된 인간과 야만인이 구분된다." 그리고 벌린은 다음과 같이 논평하고 있다. "이보다 더 많은 것을 요구한다면, 아마도 그것은 심오한 불치의 형이상학적 욕구일 것이다. 그러나 그것이 자신의 실천을 결정하도록 허용한다면, 그것은 똑같이 심오하지만 보다 위험한 도덕적·정치적 미성숙을 보여 주는 징후일 것이다"(Berlin 1969: 172).[6]

이상적인 면에서 볼 때, 우리의 인식론적 판단과 도덕적 판단에 토대를 제시할 수 있는 모종의 의심의 여지가 없는 확실성을 획득하는 것이 가장 바람직하다는 믿음은 여전히 남아 있다. 그러나 오류 가능한 우리 인간은 결코 그러한 확실성은 획득할 수 없다. 우리는 차선의 것 — 오류 가능한 지식 — 에 만족해야 한다. 그러나 이것은 실은 실용주의자들의 통찰에서 핵심을 놓치고 있다. 실용주의자들은 훨씬 더 강하고 중요한 주장을 하고 있다. 인식론적 확실성 또는 도덕적 확실성이라는 개념 자체가 바로 **부정합적인**incoherent 개념이라는 주장이다. 일상생활에서 우리는 모든 종류의 것들을 **실제로** 확신한다 — 비록 우리의 신념이 틀릴 수 있다는 것을 알게 될지라도 말이다. 그러나 "확실성"이 교정할 필요가 없는 필연적으로 참인incorrigible 것 — 절대로 의문이 제기되거나 수정되거나 교정될 수 없는 것 — 을 의미한다면, 실용주의자들은 '그런 것은 존재하지 않는다!'라고 말할 것이다. 이런 이유에서 우리는 진정한 악이 무엇인지 알고 있음을 **절대적으로** 확신한다고 말하는 사람들에 대해서 회의를 품어야 하는 정당한 이유를 가지고 있다. 우리가 절대적

---

[6] 리처드 로티는 이 논평을 Isaiah Berlin(1989: 46)에서 인용하고 있다. 나는 로티의 실용주의 중 일부 주장에는 동의하지 않는다. 그렇지만 그는 실용주의적 가류주의의 가장 강력하고 설득력 있는 옹호자 가운데 한 사람이다.

인 도덕적 확실성이라는 허울 좋은 개념을 일단 포기한다면, 우리는 우리의 확신과 헌신을 다른 방식에서 생각해야 한다. 그것들은 행위를 위한 가장 좋고 가장 강력한 이유에 기초해야만 한다. 그리고 이것을 검증할 수 있는 가장 효율적인 방법은 그것을 공적인 토론과 논쟁과 비판 앞에 열어 놓는 것이다.

요컨대 우리는 선과 악을 절대적으로 확실하게 알고 있다고 주장하는 이들과, 그리고 도덕적 확실성이 부정의와 구체적인 악들에 맞서 싸우기 위한 결단과 열정적인 헌신의 기초가 된다고 생각하는 이들을 비판할 필요가 있다. 우리의 헌신과 확신은 그것들이 지성적인 숙고에 의해 알려지고 공적 토론에 의해 검증될 때 더 강해질 것이다. 객관적인 도덕적 확실성을 획득하지 못한다면, 결국 옳고 정의롭다고 믿는 것을 위해 싸우겠다는 결단과 확고한 헌신을 결여할 것이라는 생각은 잘못된 것이다. 오히려 그 반대의 생각이 맞다. 우리가 개방적이고 공적이며 비판적인 논의 하에서 이유와 증거에 호소하여 정의로운 대의를 정당화할 준비가 되어 있을 때, 바로 그때에 정의로운 대의에 대한 열정적 헌신은 보다 강화되고 심오해질 수 있다. 이것은 진정으로 자유를 소중히 여기는 민주주의를 위해 필수적인 것이다.

4. 악과 민주 정치의 부패

나는 서론에서 9/11 이후의 선과 악에 대한 담론이 반정치적인 동시에 반종교적이라고 주장했다. 이것은 다소 직관에 반대되고 당혹스러울지도 모른다. 그러나 우리가 원하든 원치 않든 간에 악은 정치인들, 특히 미국의 정치인들의 대화에서 자주 언급되고 있다.[1] 그것은 [듣는 이들로 하여금] 깊은 감정과 정치적 지지

---

1. 피터 싱어의 관찰에 따르면, "세상을 선과 악으로 나누어 보려는 경향은 부시에게서 특히 두드러진다. 그는 319번의 개별 연설에서 악에 대해 언급했으며, 그가 집권한 때부터 2003년 6월 16일까지 그가 행한 모든 연설의 거의 30%가량에서 악에 대해 말했다. 이 연설들을 행하면서, 부시는 '악'이라는 단어를 형용사보다는 명사로 훨씬 더 빈번하게 사용했다 — 형용사로 182번 사용한데 비해서, 명사로는 914번을 사용했다. 부시가 악에 대해서 언급한 모든 경우들 가운데서 단지 24번만 사람들의 행위를 묘사하기 위해, 즉 행위와 행동을 판단하기 위해서 악을 형용사로서 사용하였다. 이것은 부시가 악한 행위나, 심지어 악한 사람들에 대해서 생각한 것이 아니라, 그가 악을 인간이 자행할 수 있는 잔인한 행위, 냉담한 행위, 잔악한 행위, 이기적 행위와 구별되는 실체로 존재하는 것, 즉 하나의 사물이나 힘으로 생각하고 있다는 것을 암시

를 불러일으킨다는 점에서 정치적으로 대단히 효과적인 듯하다. 게다가 부시와 그에 동조하는 사람들은 선과 악에 대한 그들의 담론을 자신들의 종교적 신념과 전능한 신에 대한 믿음에 호소하면서 끊임없이 "정당화하고 있다." 그렇다면 선과 악에 대한 이러한 새로운 호소가 반종교적이라는 말은 무슨 뜻인가? 아마도 이 질문이 당연히 제기될 것이다. 나는 우리가 민주 정치와 종교적 신앙의 의미를 탐구해 보면, 선과 악에 대한 이 새로운 담론이 정치와 종교를 어떻게 부패시켰는지를 알 수 있다고 주장할 것이다. 나는 이 장에서는 민주 정치에, 다음 장에서는 종교와 신앙에 초점을 맞추어 논의할 것이다.

나는 정치의 의미에 대한 고찰을 한나 아렌트의 통찰로부터 시작하고자 한다. 아렌트는 오늘날 20세기의 가장 통찰력 있고 도전적인 정치 이론가들 중 한 사람으로 인정받고 있다. 나는 적절한 민주 정치의 개념은, 그것이 무엇이든지 간에, 그녀의 통찰들 가운데 많은 부분을 포함하고 있어야 한다고 생각한다.[2] 그녀는 모든 사유는 "우연적 사건들의 현실성actuality of incidents에서 비롯되고, 생생한 경험들을 동반하는 사건들은 사유가 높이 비상하고 깊이 침잠하는 가운데서도 스스로 길을 잃지 않도록 그 위치를 가늠할 수 있는 이정표로 남아 있어야 한다"고 주장한 적이 있다. 그녀의 사유를 형성하는 데 심대한 영

한다"(2004: 2).
2. 아렌트의 정치관에 대한 나의 논의는 1983년과 1996년에 발표한 아렌트에 대한 나의 이전의 논의에 기초한 것이다.

향을 준 끔찍한 경험은 그녀와 전체주의, 특히 나치 전체주의와의 만남이었다. 1964년, 아렌트는 인터뷰 도중에 이런 질문을 받은 적이 있다. "당신의 관심을 정치적인 것으로 전환시킨 계기가 된 결정적 사건으로 기억나는 것이 있습니까?" 그녀는 주저하지 않고 대답했다. "1933년 2월 27일 라이히스타크에서 화재가 발생하고 그날 밤 내내 불법 체포가 이어졌습니다." 바로 그 순간부터 그녀는 "책임감을 느꼈다"고 한다. "그러니까, 저는 바로 그때부터 더 이상 그저 방관자일 수가 없었습니다"(Arendt 1994: 4). 그로부터 몇 개월 후, 아렌트는 나치 독일에서 탈출하려는 사람들을 도왔다. 그녀는 또한 시온주의자 친구들에게도 도움을 주었다. 이 활동으로 인해 그녀는 독일에서 도망치지 않을 수 없게 되었다. 그녀는 독일 시온주의자 친구들로부터 나치의 반유대주의 선동을 증명할 수 있도록 도와달라는 부탁을 받았다. 그녀는 위험을 무릅쓰고 기꺼이 그들을 도왔다. 그녀는 베를린의 프로이센 국립 도서관에서 정보 수집을 위해 일하던 중 적발되어 체포된 후 심문을 받았지만, 자신이 한 일을 결코 시인하지 않았다. 아렌트는 그나마 운이 좋았다. 그녀는 게슈타포의 지하실에서 살해당할 수도 있었지만, 심문받은 지 8일 후에 풀려 나올 수 있었다. 그 일이 있은 직후 그녀는 독일을 빠져 나왔다. 아렌트는 다른 독일 유대인들처럼 파리로 갔고, 그곳에서 "무국적자"의 신분에도 불구하고 시온주의 조직과 함께 할 수 있는 일을 찾았다. 1940년 5월, 파리에 살고 있는 "적국 출신의 외국인들enemy aliens"(주로 독일 유대인들)

은 임시 수용소로 끌려가 한데 모이게 되었다. 그녀는 거기서 남편과 헤어져 귀르Gurs에 있는 여자 수용소로 보내졌다. 그러나 여기서도 아렌트의 행운은 계속되었다. 나치가 파리로 입성했을 때, 승리한 나치들이 귀르를 접수할 것이라는 절망적인 두려움이 파다했다. 그러나 통신이 두절된 짧은 혼란기에 영리한 아렌트는 그녀의 칫솔 하나만 손에 들고 수용소에서 도망쳐 나왔다. (귀르에 남았던 많은 여성들은 결국 나치의 집단 처형장으로 보내졌다.) 그녀는 프랑스의 "안전" 지대에서 남편과 상봉했다. 거기서 그들은 미국으로 들어갈 수 있는 비자를 확보하고, 비시 프랑스에서 스페인을 거쳐 리스본으로 위험한 여행을 거친 후, 1941년 봄에 마침내 뉴욕에 닻을 내리게 되었다.

나는 몇 가지 이유에서 아렌트가 독일, 프랑스, 그리고 결국 유럽을 떠나게 된 사연을 이야기하였다. 만일 그녀가 인정 없는 독일 장교에게 심문을 받았다면, 귀르에서 탈출하지 못했다면, 미국으로 올 수 있는 비자를 얻지 못했다면, 또는 스페인 접경에서 도움을 받지 못했다면(그녀와 가까웠던 친구 발터 벤야민이 그 후에 자살했던 것처럼), 어떤 일들이 일어났을지 우리는 쉽게 상상할 수 있다. 이 우연들이 의미하는 것은 곧 삶과 죽음의 차이이다. 아렌트 자신의 개인적 경험에 그토록 각인된 이 사건들의 극단적인 우연성은 그녀의 모든 사유에 영향을 미쳤다. 나치 전체주의와의 만남은 그녀의 정치사상에서 중심을 이루는 경험이 되었다. 그녀는 1951년에 『전체주의의 기원』— 그녀가 전체주의의 발생과 함께 일어난 일들을 이해하기 위해 연구에 착수한 복잡한 책 — 을 출간하였다. 전체주의가 보여 준 것은 전통과의 완전한 단절이었다. 전통적인 정치적, 도덕적, 사회적 범주들은 이 새로운 현상을 이해하는 데 이제 더 이상 적합하지 않았다. 그녀는 전체주의를 과거의 모든 형태의 독재 및 전제 정치와 철저히 구별한다. 이 연구 말미에서, 그녀는 전체주의가 역사상 그 유례를 찾아볼 수 없을 정도의 근본악 또는 절대 악을 보여 준다고 생각한다. 그리고 그 이유를 다음과 같이 설명한다.

> 따라서 전체주의적 이데올로기가 목표로 삼고 있는 바는 외부 세계의 변형이나 사회의 변화가 아니라, 바로 인간 본성 그 자체의 변형에 있다. 강제수용소는 인간 본성의 변화가 시험되는 실험실일 뿐이며, 따라서 그들의 파렴치함은 엄밀한 "과학적" 기준에 따라 실험을 주도하는 이들과 그들의 수감자들만의 문제가 아니다. 그것은 모든 인간들의 관심사이다. 이 세상에 너무도 많은 고통이 있어 왔다는 것도 문제가 아니고, 희생자들의 숫자가 너무 많다는 것도 문제가 아니다. [문제는] 인간 본성 그 자체가 위협받고 있다는 것이다. (Arendt 1968: 458-9)

전체주의는 인간 존재를 잉여 인간으로 만들고자 — 인간을 온전하지 못한 인간 이하의 존재로 변형시키고자 — 한다.[3] 강제

---

3. 근본악과 악의 평범성에 대한 나의 논의는 1996년의 나의 책을 보라.

수용소와 집단 처형장에서는 인간의 다원성, 자발성, 개성, 그리고 탄생성natality과 자유 등을 파괴하려는 체계적인 시도가 있었다. 더 일반적으로 말하면, 전체주의는 **모든 인간을 잉여 인간으로** — 가해자와 희생자로 만들고자 한다고 그녀는 주장한다. 바로 이것이 그녀가 "우리에게 저항할 수 없는 현실로 다가서고 우리가 알고 있는 모든 기준들을 무너뜨리는" 절대 악 또는 근본악이라 부른 것이다. 과거 역사에도 대량 학살, 인종 청소, 무고한 사람들에게 가해지는 참을 수 없는 대규모의 고통, 고문, 테러는 있었다. 그러나 오직 전체주의 하에서만 사람들의 인간성을 말살하려는 체계적인 시도가 이루어졌다. 아렌트의 생각을 사로잡고 그녀의 정치에 대한 이해에 영향을 준 것은 나치와 스탈린주의 양자 모두에 출몰한 전체주의라는 유령이다. 전체주의는 다원성 — 행위와 정치의 근간을 이루는 인간 조건 — 의 제거를 추구한다. 전체주의 하에서는 "정치적·인간적 실재로서의 자유에 대한 말살, 이제껏 우리가 과거에 목격했던 그 어떤 것보다도 훨씬 더 근본적인 말살"이 존재한다(Arendt 1994: 408).

여기서 아렌트가 의미하는 정치가 무엇인지를 이해하기 위해 우리는 서로 밀접하게 관련을 맺고 있는 개념들 — 토론, 행위, 말, 다원성, 탄생성, 공적 영역, 실제적 자유, 의견, 그리고 판단 — 간의 네트워크를 좀 더 알아볼 필요가 있다. 아렌트가 자명한 이치 — 그것으로부터 다른 모든 종류의 세부 사항들을 이끌어 낼 수 있는 자명한 이치 — 라고 생각한 것을 살펴보는 것에서 시작해 보자. 그녀에 의하면, "토론이 정치적 삶의 진정한 본질을 이룬다"(Arendt 1977a: 241). 이 말이 처음에는 일상적인 언급으로 보이겠지만, 우리는 그녀가 정치적 삶의 본질이 정당한 형태의 폭력이나 통치권에 대한 통제라고 말하지 않았다는 점에 주목해야 한다. 정치의 본질은 토론이며, 우리는 이것이 아렌트에게 특별한 의미가 있음을 살펴볼 것이다.

토론 그 자체는 행위의 한 형식이며, "행위action"는 아렌트가 **활동적 삶**vita activa의 최고 형식을 지칭하기 위해 사용한 용어이다. 그녀는 행위를 노동labor과 작업work으로부터 구별한다. 노동은 생물학적 필요에 근거한 활동이고, 작업은 우리가 인위적 대상을 만들거나 조작하는 활동이다. 아렌트가 행위라 부른 것은 아리스토텔레스가 실천praxis이라 부른 것 ― 윤리적·정치적 삶을 이끄는 데 관여하는 인간 활동 ― 에 가깝다. 행위 그 자체는 말speech과 밀접한 관련이 있다. "최초의 행위, 그리고 특히 인간적인 행위에는 신입자들에게 '당신은 누구십니까?'라고 묻는 질문에 대한 답을 반드시 포함해야 한다는 점에서, 행위와 말은 매우 긴밀한 관계에 있다. 자신이 누구인지를 밝히는 것은 그의 언어와 행위 모두에 함축되어 있다"(Arendt 1958: 178). 자신이 누구인지를 밝히는 일은 우리가 서로 만나서 서로 토론하는 공적 영역public space 내에서 일어난다. 그러한 언어와 말을 위한 조건이 바로 아렌트가 **다원성**plurality이라 부른 것이다. "사물이나 사안의 중간 매개 없이 사람들 사이에 직접 진행되는 유일한 활동인 행위는 다원성이라는 인간 조건, 즉 단수로서의 인간Man이 아닌 복수로서의 인간들Men이 함께 지구상에 살고 있고 세상에 거주한다는 사실에 부합한다"(Arendt 1958: 7).[4] 우리는 이미 실용주의적 가류주의의 멘탈리티를 분석하면서 다원성 개념을 다룬 적이 있다. 그러나 아렌트는 다원성에 특별한 정치적 의미를 부여한다. 다원성은 개성, 차이, 그리고 평등을 포함한다. 하나의 공동 세계에 고유한 관점을 불어넣는 개개의 그리고 모든 개인들에게는 특이성distinctiveness이 존재한다. 그리고 이 다원성은 우리의 **탄생성**, 즉 시작할 수 있는 능력, 자발적으로 행위를 개시할 수 있는 능력에 뿌리를 두고 있다. "행위한다는 것은 가장 일반적인 의미에서 출발한다는 것, 시작한다는 것… 어떤 것이 작동하게끔 한다는 것을 의미한다"(Arendt 1958: 177). 인간은 그 태어남과 더불어 이 능력을 소유한다. 인간의 다원성은 행위와 말을 위한 기본 조건이다. 왜냐하면 행위와 말은 단일성과 다원성을 동시에 지닌 인간 존재들 사이에서 일어나기 때문이다. 따라서 행위는 본래 정치적 활동이며, 그것은 개인들이 서로 동등한 존재로서 만날 수 있고 자신들이 누구인지 드러낼 수 있는 **공적 영역**의 창출을 요구한다.

아렌트는 그리스의 폴리스polis에 대한 자신의 해석을 제시하면서, 평등 — 또는 그리스인들이 이소노미isonomy라 불렀던 것 — 은 인간이 서로 시민으로서 만나는 정치적 영역에서만 존재

---

4. 아렌트는 인간을 지칭할 때 일관되게 남성 명사와 대명사를 사용하였다. 그러나 우리는 여성이 정치에 참여할 수 있게 된 것은 비교적 최근의 일이라는 것을 잊어서는 안 된다.

한다고 말하고 있다. 오직 폴리스에서 — 정치적 영역에서 — 만 "사람들은 서로를 사적 개인으로서가 아니라 시민으로서 만났다… 그리스 폴리스의 평등, 그 이소노미는 사람들의 속성이 아닌 폴리스의 속성이며, 사람들은 그저 태어났기 때문이 아니라 시민이기에 평등을 부여받았다"(Arent 1963: 23).

"토론이 정치적 삶의 진정한 본질을 이룬다"는 부분에 대한 주석으로 돌아가 보면, 우리는 왜 아렌트가 정치를 일차적으로 지배를 포함하는 것으로, 즉 한 개인, 한 정당 또는 계급이 다른 편을 지배하는 것으로 생각하지 않았는지를 이해할 수 있다. 오히려 정치는 인간의 다원성과 시민들의 평등에 기초한 집단적인 행위와 관계된다. 개인들은 공적 영역 내에서 서로 토론하고 심의한다. 그들은 자신들의 공적 업무를 어떻게 처리할 것인가에 대해 서로 설득하고자 한다. 설득은 평등한 사람들 간의 공개된 토론을 필요로 한다. 공개적인 토론을 통해서 사람들은 자신들의 의견을 명료화하고, 검증하며, 가다듬고자 상호 노력한다. 그리고 설득은 그 자체로 언제나 오류 가능하다. 토론에는 늘 이견이 있을 수 있고, 또 논쟁에 무리가 따를 수도 있다. 그것이 반드시 합의를 낳거나 합의를 미리 전제하는 것은 아니다. 그러나 정치는 설득에 참여할 것을 요구하며, 설득에 실패할 때에도 우리는 적어도 공정한 의사 결정 절차에 합의하여야 한다.

아렌트가 정치라는 말로 의미하고자 했던 바를 보다 심층적으로 이해하기 위해서 우리는 그녀가 공적인 실제적 자유의 개념과 시민들이 함께 행위할 때 자동적으로 출현하는 권력 유형을 어떻게 결합시켰는지를 살펴볼 필요가 있다. 그녀는 계몽 시대의 철학자들을 거론하면서, 그들이 갖는 중요성은 자유의 공적인 성격에 대한 예리한 통찰에 있다고 말한다.

> 그들이 말하는 공적 자유public freedom는 사람들이 세상의 압력으로부터 마음대로 도망칠 수 있는 내적 영역도 아니고, 의지로 하여금 여러 대안들 사이에서 선택하게끔 해 주는 자의적 자유*liberum arbitrium*도 아니었다. 그들에게 있어서 자유는 오직 공적으로만 존재할 수 있다. 자유는 하나의 실질적이며 현세적인 실재, 즉 하나의 선물이나 능력이 아니라, 인간들에 의해 향유될 수 있도록 인간들이 창조해 낸 것이다. 고대인들이 이미 깨닫고 있었던 바와 같이, 자유가 출현하고 모두가 볼 수 있게 되는 영역은 인간이 만들어 낸 공적 영역 또는 시장이었다. (Arendt 1963: 120-1)

공적 자유public freedom는 해방적 자유liberty와 분명히 구분되어야 한다. 해방적 자유는 빈곤으로부터의 자유 또는 압제적 통치자, 독재자, 폭군으로부터의 자유 등과 같이 언제나 어떤 것으로부터의*from* 자유이다. 해방적 자유liberty는 자유freedom를 위한 필요조건이지 충분조건은 아니다. 자유는 개인들이 함께 행동하는 적극적인 정치적 성취이다. 그리고 실질적이며 현세적인 이 자유는 시민들이 함께 의논하고 토론하며 행동하는 경우에만 존재할 수 있다. 해방적 자유와 자유의 구분은 아렌트의 정치적 통찰들 가운데서도 가장 중요하고, 오래 지속되며, 적절한 것

중의 하나이다. 우리는 억압적인 지도자로부터의 해방만으로는 공적 자유를 가져오기에는 충분치 않다는 뼈아픈 교훈을 — 1989년 공산주의 몰락 이후로 더더욱 — 되풀이해서 경험하고 있다. 이라크에 대한 무력 침공을 정당화하는 "정치적 수사修辭"의 가장 커다란 실패 중 하나는 사담 후세인의 독재적 억압으로부터의 해방이 즉각적으로 이라크에서 그리고 중동 전체에서 공적 자유를 가져다줄 것이라는 (잘못된) 신념이다. 이것은 위험한 환상이다. 공적 자유를 실현하기 위해서는 공식 선거 이상의 훨씬 더 많은 것들이 요구된다. 그것은 개인들이 함께 토론하고 심의하는 그런 실천 관행들을 계발할 것을 요구한다. 현세적 자유는 오직 그러한 공간이 만들어질 때에만 번성할 수 있다.

아렌트는 이러한 실질적인 공적 자유 개념과 함께 정치권력에 대한 그녀의 독창적인 개념을 발전시켰다. 그녀는 권력을 한 개인이나 집단에 의한 다른 개인들이나 집단들에 대한 지배로 이해하는 전통적인 권력 개념을 비판한다. 권력은 시민들의 참여를 통해서 자발적으로 생겨나고 또 자라나는 것으로서, 아렌트는 이를 물리적 힘, 강제, 권위, 폭력과 구분하고 있다. 권력은 어느 개인이나 집단에 대한 통제 또는 지배를 의미하는 수직적인 방식으로 이해되어서는 안 된다. 권력은 **수평적** 개념이다 — 권력은 개인들이 함께 행동할 때 나타난다.[5]

---

5. 권력, 힘, 권위, 폭력에 대한 아렌트의 논의는 그녀의 1972년 작인 『폭력론 On Violence』 143쪽 이하를 보라. 그녀는 권력을 다음과 같이 기술하고 있다. "권력은 단순히 행위하는 인간의 능력이 아니라, 함께 행위하는 인간의 능력

권력은 사람들이 그들 스스로 어떤 행위의 목적을 위해 함께 협력할 때 오직 그때에만 발생하며, 그들이 어떤 이유에서건 서로 흩어지고 서로를 저버릴 때 사라지고 만다. 따라서 서로 관계를 맺고 약속을 하며 제휴하고 계약을 맺는 일들은 권력을 계속 존속시키는 수단들이다. 사람들이 특정 행위나 행동 과정에서 그들 사이에서 생겨나는 권력을 유지시키는 데 성공한다면, 그들은 이른바 그들의 결합된 행위 권력을 수용할 수 있는 안정적인 현세적 구조를 세우는 구축 과정에 이미 들어가 있는 것이다. (Arendt 1963: 174)

그러므로 공적 자유, 다원성, 탄생성, 행위, 말, 토론과 마찬가지로 권력은 아렌트의 정치관을 형성하고 있다.

아렌트가 의견과 판단에 대한 자신의 생각을 어떻게 그녀의 정치관과 관련짓고 있는가를 알아보기에 앞서, 나는 그녀의 정치 개념에 대해 종종 반복적으로 가해지는 비판들을 먼저 다루고자 한다. 어떤 비평가들은 정치에 관한 아렌트의 생각이 고대 그리스의 삶의 현실에도 부합하지 않는, 너무 이상적인 그리스의 폴리스 개념 위에 서 있다고 주장한다. 더욱이 이런 식의 정치관이 갖는 장점이 무엇이든 간에, 그것은 현대 정치와 대

을 의미한다. 권력은 결코 한 개인의 속성이 아니다. 그것은 한 집단에 속하는 것이며, 단지 그 집단이 단결하는 한에서만 실존하는 것이다. 누군가가 권력을 가지고 있다고 말할 때, 우리는 실제로 그가 특정 다수의 사람들에 의해 그들의 이름으로 행위할 수 있는 권력을 부여 받았다고 말하는 것이다. 권력이 처음 비롯된 집단이 사라지는 순간, '그의 권력'도 사라진다(potestas in populo, 사람들이나 집단이 없다면 권력도 없다)."

중 민주주의 사회의 복잡함과 냉혹한 현실에는 적합하지 않다는 것이다. 나는 아렌트가 고대 그리스의 도시국가에 대한 상상 속의 "황금시대"에 주로 관심을 두고 있었다는 지적은 잘못 됐다고 생각한다. 그녀의 사유에서 향수를 불러일으킨다거나 감상적인 면은 전혀 없다. 앞서 주장했듯이, 일생에 걸친 아렌트의 정치에 대한 관심은 전체주의가 정치의 가능성, 자유의 가능성, 결국에는 우리의 인간성의 가능성을 파괴하고자 했다는 그녀의 통찰에 그 뿌리를 두고 있다. 그러나 이보다 훨씬 더 중요한 것은, 아렌트의 일차적 의도가 우리의 탄생성에 기인하면서 (서로) 다른 시대, 전적으로 다른 역사적 상황 하에서 현시顯示되는 인간의 잠재성을 회복하려는 데 있었다는 것이다. 이것은 공상적인 유토피아적 가능성이 아니다. 그것은 근대의 다양한 역사적 배경에서 실현되어 왔다. 그녀는 이것을 "혁명 정신의 잃어버린 보물"이라고 부른다.

> 혁명의 역사 — 1776년 필라델피아의 여름과 1789년 파리의 여름에서 부다페스트의 가을로 이어지는 — 는 정치적으로 근대 역사의 가장 중요한 대목이다. 그것은 가장 변화무쌍한 상황에서 갑자기 예고 없이 나타났다가 각기 다른 신비로운 조건 하에서 마치 신기루처럼 사라져 버리는 옛날 보물 이야기처럼 회자될 수 있다. (Arendt 1977a: 5)

아렌트가 자주 인용하는 정치의 예 — 그리고 그녀의 가장 광범위한 분석 — 는 미국 혁명American Revolution이다. 그녀는 미국 혁명을 이야기하면서, 1776년 독립선언서로 시작해서 헌법 작성과 채택으로 정점에 달한 정황들을 거론한다. 심의, 토론, 절충, 그리고 헌법 채택에서의 최종적 성공이 바로 그녀가 설명하는 실제적인 현세적 자유의 전형典型을 보여 주는 것이다. 이는 개인들의 집합적 행위를 통해서 권력이 생겨나는 공적 영역이 어떻게 창출되는지를 보여 주는 구체적인 역사적 사례이다. 헌법은 이 자유를 그 안에 품고 보존하는 제도의 토대를 제공한다.

> 미국 혁명의 과정은 잊을 수 없는 이야기로서 그 자체로 특별한 교훈이다. 이 혁명은 돌발적으로 발생한 것이 아니라, 공동의 심의 속에서 그리고 상호 서약의 힘 위에서 바로 인간들에 의해 만들어진 것이다. 이 혁명의 토대는 한 사람의 건축가의 힘에 의해서가 아니라 다수의 결합된 권력에 의해서 놓여졌다. 그 토대가 놓이던 중차대한 몇 년 동안에 빛을 발하게 된 원칙은 상호 약속과 공동의 심의가 서로 결합된 원칙이었다. 그리고 해밀턴이 주장했던 것처럼, 그 혁명은 인간들이 "성찰과 선택에 의해 좋은 정부를 진정으로 건설할… 수 있다"는 점, 인간들이 "자신들의 정치적 입법을 우연적 사건과 강제에 의존해야만 하는 영원한 숙명을 지닌 존재가" 아니라는 점을 스스로 보여 주었다. (Arendt 1963: 215)

정치에 대한 아렌트의 설명은 민주 정치의 번영에 핵심이 되는 바를 간파하고 있다. 그녀는 이 보물이 잊히는 위험을 경고한다. 오늘날 민주 정치에 대해서 떠들어대는 너무도 많은 부분들이 상투적인 문구들로 너무 무겁게 포장되어 있어서, 우리가 이 핵심을 너무 쉽게 망각할 수 있다는 것이다. 아렌트였다면, 9/11 이후의 절대주의적인 선과 악의 담론을 날카롭게 비판했을 것이다. 정치에서 절대성에 호소하려는 모든 시도는 정치를 부패시키고 파괴한다. 절대적인 것이 — 그것이 절대적 선이든 아니면 절대적 악이든 — 정치에 들어오면, 그것은 너무도 쉽게 그리고 불가피하게 모두 폭력으로 이어진다. 아렌트에게 있어서 정치를 파괴하는 것은 다름 아닌 폭력이다. 이것은 시인, 소설가들이 아주 생생하게 묘사하고 있는 가르침이다. 그녀는 『혁명론On Revolution』에서 멜빌Melville의 『빌리 버드Billy Budd』와 도스토예프스키의 『대심문관Grand Inquisitor』을 논의하면서, "절대적인 것이 정치적 영역으로 들어올 때, 그것은 모든 사람에게 숙명이 된다"(1963: 79)고 말한다. 아렌트는 냉혹한 도덕적 선택과 정치적 선택이 차악을 선택하도록 요구할 수도 있다는 실용주의자들의 견해에 동의한다. 정말 위험한 것은 악을 **절대화하는** 것이다. 이것은 의견opinion과 판단judgment이 정치에서 갖는 역할에 대한 아렌트의 논의에서 훨씬 더 명료해진다.

의견들을 형성하고, 검증하며, 명료하게 하는 일은 정치적 토론을 통해 이루어진다. 아렌트가 의미하는 의견은 여론조사원과 정치인들이 여론이라 부르는 것과는 거의 무관하다. 개인들은 단지 의견을 "갖는" 것이 아니라 의견을 **형성한다**. 의견 형성을 위해서는 아렌트가 "대의적 사유representative thinking"라고 일컫는 것이 요구된다.

> 나는 해당 문제를 각기 다른 관점에서 고려함으로써, 부재자不在者의 관점을 내 마음속에 설정함으로써, 의견을 형성해 나간다. 즉, 내가 그들을 대변하는 것이다… 내가 해당 주제를 깊이 생각하는 동안 내 마음속에 자리한 사람들의 관점들이 많으면 많을수록 나는 그들의 위치에 있었더라면 내가 어떻게 느끼고 생각했을까를 보다 잘 상상할 수 있고, 대의적 사유를 할 수 있는 나의 능력은 더 강해질 것이며, 나의 최종적인 결론, 나의 의견은 보다 더 타당해질 것이다. (Arendt 1977a: 241)

따라서 의견 형성은 정치적인 대의적 사유를 요구하는 하나의 성취이다. 의견 형성은 고독한 사상가에 의해 수행되는 사적인 활동이 아니다. 의견들은 서로 동등한 자들 간의 공적인 토론의 장에서 상이한 의견들과의 진정한 만남 — 심지어는 충돌 — 이 존재할 때에만 검증되고 확장될 수 있다.

> 의견들은… 집단의 소관이 아닌 전적으로 "자신들의 이성을 냉정하고 자유롭게 발휘하는" 개인들의 소관이며, 다수는 그것이 일군一群의 다수이든 또는 사회 전체의 다수이든 결코 의견을 형성할 수 없다. 인간들이 서로 자유롭게 소통하고 자신들의 견해를 공표할 수 있는 권리가 존재하는 곳이라면, 그러면서도 끝없이 다양한 이 견해들이 늘 순화되고 대변될 것이 요구되는 곳이라면, 그 어디에서나 의견들이 생겨난다. (Arendt 1963: 229)

공적 검증과 토론을 통한 의견 형성과 개선은 우리로 하여금 아렌트가 정치에서 본질적인 것으로 간주한 판단 유형을 이해할 수 있도록 해 준다. 아렌트에 따르면, "판단 작용judging은 타인들과 세상 공유하기sharing-the-world-with-others를 실현시켜 주는 중요한 활동이다." 아렌트는 칸트의 반성적 판단 분석에 대한 자신의 해석으로부터 영감을 이끌어 낸다. 그녀는 판단 작용은 우리가 "모든 이들의 입장에서 생각하게끔" 해 주는 "확장된 멘탈리티enlarged mentality"를 요구한다고 말한다. "칸트가 아름답게 표현했듯이, 판단하는 개인은 종국에는 모든 사람들이 그와의 합의에 도달할 것이라는 희망에서 '모든 사람들에게 동의를 간청할 수 있을 뿐이다'"(Arendt 1977a: 222). 이러한 간청과 설득은 정치에서 필수적이다. 우리가 이러한 간청에 성공하리라는 보장도 없고, 또 우리가 우리의 동료 시민들과 합의에 도달할 것이라는 보장도 전혀 없다. 의견들이 충돌할 때는 화해 불가능한 갈등이 있을 수도 있다. 그러나 참여자들은 타인들과의 합의를 위한 **잠재적 가능성**을 믿고 최선을 다해야 한다. 그리고 우리가 판단에서 합의를 성취하지 못한다면, 우리는 적어도 의사 결정을 위한 공정한 절차 — 소수의 권리를 보호할 수 있는 절차 — 에 합의해야만 한다. 아렌트는 정치적 판단 개념의 핵심 요소를 다음과 같이 요약하고 있다.

판단의 힘은 타인들과의 잠재적 합의에 달려 있다. 어떤 것을 판단함에 있어서 능동적인 사유 과정은 순수 추론의 사고 과정에서와 같이 나와 나 자신과의 대화가 아니다. 그것은 항상 그리고 우선적으로, 비록 내가 전적으로 혼자서 결정을 한다고 할지라도, 내가 최종적으로 함께 합의에 도달해야만 하는 타인과의 기대된 의사소통 속에서 이루어진다. 판단은 이러한 잠재적 합의로부터 그 특정한 타당성을 이끌어 낸다. 이것은 한편으로 판단이 "주관적인 사적 조건들"로부터, 즉 개인적 특이성idiosyncrasies으로부터 스스로 해방되어야 한다는 것을 의미한다. 개인적 특이성은 각 개인들의 전망을 당연히 그들의 프라이버시에서 결정한다. 그래서 그것들은 단지 사적으로 주장되는 견해들일 뿐, 시장에는 적합하지 않고 공적 영역에서는 모든 타당성을 결여하고 있다. 그리고 다른 한편에서 이러한 확장된 사유 방식enlarged way of thinking은, 판단이 그 자신의 개인적 한계를 초월하는 방법을 알고 있다고 할지라도, 완전한 고립 내지는 고독 상태에서는 제대로 이루어질 수 없다. 이 확장된 사유 방식은 타인의 현존을 필요로 하며, 그 타인의 입장에서 생각해야만 하고, 그들의 관점을 반드시 고려 대상에 넣어야 한다. 그리고 그러한 타인들이 없다면 확장된 사유 방식은 아예 시작할 기회도 가질 수 없다. (Arendt 1977a: 220-1)

우리가 아렌트의 정치사상을 구성하는 것들 ― 토론, 행위, 말, 다원성, 탄생성, 공적 영역, 실질적인 공적 자유, 권력, 의견, 그리고 판단 ― 가운데 어떤 것을 가지고 시작하더라도, 그것들은 정치가 무엇인지에 대한 강력한 통찰을 이끌고 보강해 준다는 점을 발견하게 된다. 정치에서 절대성을 위한 자리는 전혀 존재하지 않는다. 아렌트가 우리에게 가르치고 있는 교훈은 실용주의 사상가들이 미국 남북전쟁에 대한 그들의 평가를 통해 우리에게 가르치고자 했던 바 — 절대성과 경직된 확실성에 호소하는 멘탈리티는 폭력을 이끌 수 있다 — 와 같다.

아렌트는 현대사회에는 정치를 붕괴시키고, 왜곡하며, 억누르려는 강한 경향성이 있다는 것을 정확히 인지하고 있었다. 그러나 그녀는 "혁명 정신"의 힘에 대한 그녀의 신념을 결코 포기하지 않았다. 그녀는 생전에 1956년의 부다페스트 봉기와 미국에서 일어난 초기 시민권 운동Civil Right movement에서 혁명 정신의 힘이 표출되는 것을 목격하였다. 만일 그녀가 동유럽과 중부유럽에서 공산주의의 붕괴를 이끈 정치적 운동의 출현을 생전에 목격했더라면, 그녀는 그것들을 혁명 정신의 힘 — 개인들이 함께 행위할 때 분출되는 힘 — 이 표출되는 또 다른 증거들로 간주했을 것이다. (폴란드의 아담 미흐닉Adam Michnik과 같은 이 운동의 지도자들은 아렌트의 정치적 저술들로부터 깊은 감화를 받았다.) 제퍼슨과 마찬가지로 아렌트는 민주 정치를 유지하는 데 있어서 "기초 공화국" 또는 그녀가 이름 붙인 "평의회"의 중요성을 강조하였다.

> 평의회 의원들은 말한다. 우리는 참여하기를 원하며, 토론하기를 원하고, 우리의 목소리가 공개되기를 원하며, 우리나라의 정치적 과정을 결정할 수 있는 능력을 지니길 원한다. 국가는 우리 모두가 협력하여 우리의 운명을 결정짓기에는 너무나 크기 때문에, 우리는 그 안에 많은 공적 영역을 필요로 한다. 우리가 투표용지에 표기를 하는

부스는 오직 한 사람을 위한 공간이므로 분명히 너무 비좁다. 정당들은 완전히 부적합하다. 거기에서 우리들 대부분은 교묘하게 조종된 유권자에 불과하다. 그러나 우리 중 열 명이 테이블에 둘러앉아 각자의 의견을 표현하고 다른 사람들의 의견을 청취할 수 있다면, 그 의견 교환을 통해 합리적인 의견 형성이 일어날 수 있다. (Arendt 1972: 233)

여기서 아렌트의 정치관과 실용주의자들 — 특히 듀이와 미드 — 의 민주주의관 사이에 중요한 공통점이 존재한다. 듀이는 아렌트와 마찬가지로 민주주의에 대한 가장 심각한 위협 중 하나는 "공중의 소멸"이라고 보았다. 듀이 역시 건강한 민주주의는 복잡한 산업사회 및 과학기술 시대에도 개인들이 함께 토론할 수 있는 공적 영역의 창출을 요구한다고 생각했다. 듀이는 자신의 민주주의에 대한 믿음이 유토피아적이라는 비판에 응수하면서 아렌트의 교훈을 다음과 같이 강화하고 있다.

나는 반대 진영으로부터 지성知性과 그와 관련된 것으로서 교육에 대해 부적절한 유토피아적 믿음을 갖고 있다고 여러 차례 비난을 받아 왔다. 여하튼 내가 이 믿음을 고안해 낸 것은 아니다. 나는 민주주의 정신에 의해 움직이는 내 주위 환경을 통해서 그것을 익힌 것이다. 자유로운 탐구, 자유로운 화합, 자유로운 의사소통의 효율적인 보장에 의해서 확보되는 사실과 사상의 자유로운 역할에 상식을 가지고 반응하는 보통 사람의 지성의 능력에 대한 믿음을 제외한다면, 도대체 민주주의에 대한 믿음, 협의와 회의, 그리고 설득과 토론의 역할에 대한 믿음, 장기적으로 자기 교정적인 여론의 형성에 대한 믿음이란 것은 무엇이란 말인가? (Dewey 1988: 227)[6]

듀이가 1933년에 쓴 글은 오히려 오늘날 훨씬 더 절박하다. "우리는 150년 전에 인간과 환경 간의 우연한 결합의 산물로서 처음 나온 당시의 민주주의를 신중하고도 단호한 노력으로 재창조하여야 한다." 그는 자신의 생각을 다음과 같이 계속 밝히고 있다.

만일 내가 그 과제는 오직 독창적인 노력과 창조적인 활동을 통해서만 성취될 수 있다고 강조한다면, 그것은 부분적으로 현재의 심화된 위기의 상당 부분이 우리가 오랫동안 마치 민주주의가 그 자체로 자동적으로 존속되는 것인 양 행동해 왔다는 사실에서 기인하기 때문

---

6. 나는 아렌트의 민주 정치관과 실용주의적 민주 정치관이 중복된다는 점을 강조해 왔다. 특히 정치에 절대적 선과 악을 도입하는 것의 위험성을 지각했다는 점에서 그러하다. 그러나 그들 사이에는 몇 가지 뚜렷한 차이들도 있다. 비록 아렌트가 **모든 사람들**은 정치의 영역에 참여할 기회를 가져야 한다고 주장하기는 했지만, 그녀 자신이 묘사한 정치의 유형은 소수 — 정치적 엘리트 — 에 제한된다고 생각했다. 이것이 그녀가 — 미합중국 헌법 제정자들이 그랬던 것처럼 — 공화국에 대해서 말하기를 선호하는 이유이다. 공화정의 견제와 균형은 무제한적 민주주의의 과도함을 방지하기 위한 것이다. 듀이는 "보통 사람들"에 대해 그리고 민주 정치에 참여할 수 있는 **모든** 개인들의 잠재력에 대해서 훨씬 더 큰 믿음을 지니고 있었다. 게다가 듀이는 아렌트가 내린 "사회적인 것"과 "정치적인 것" 사이의 엄밀한 구분을 결코 수용하지 않았다. 아렌트의 구분에 대한 비판은 1986년에 발간된 나의 책에 실린 논문 「사회적인 것과 정치적인 것에 관한 재고」를 보라.

이다. … 우리는 마치 민주주의가 주로 워싱턴이나 알바니에서 — 또는 어떤 다른 주도州都에서 — 남자들과 여자들이 일 년에 한 번 투표하러 갈 때 생기는 힘에서 발생하는 것인 양 행동해 왔다. … 우리가 이러한 외재적 사고방식으로부터 벗어나는 것은 민주주의가 한 사람의 개인적 생활 방식*a personal way* of individual life이라는 점을, 즉 민주주의는 개인의 성품을 형성하고 생활 속의 모든 관계들에서의 욕구와 목적을 결정짓는 어떤 태도를 지속적으로 견지하는 것을 의미한다는 점을 우리가 생각과 행동으로 깨달을 때에만 가능하다. (Dewey 1988: 225-6)

내가 민주주의 정치에 대한 이러한 반성이 오늘날 우리에게 대단히 중요하고 또 적합하다고 생각하는 이유는, 그것이 "실제로 존재하는" 거시적인 민주 사회를 소생시키기 위해 요구되는 바를 강조하고 있기 때문이다. 아렌트나 실용주의자들이 행해져야 할 것들에 대한 청사진을 제시한 것은 아니다. 그리고 그들은 민주적인 법과 제도의 구조 및 기능에 관한 많은 문제들을 간과하고 있다. 그러나 아렌트와 실용주의자들은 현대사회에서 민주 정치를 붕괴시키고 왜곡하는 미묘하고 강력한 힘들을 인식하고 있었다. 그들은 우리에게 민주 정치의 번영을 위해 결정적으로 중요한 것이 무엇인지를 상기시켜 주고 있으며, 실제적 자유가 번영하는 공적 영역을 창출하는 것이 언제나 "우리 앞에 놓인 과제"임을 강조하고 있다. 그들은 절대성, 확고한 도덕적 확실성, 그리고 너무 단순화된 선과 악의 이분법을 도입하는 것은 곧 민주 정치를 부패시킨다는 점을 우리에게 가르쳐 주고 있다.

그러나 민주 정치에 대한 이러한 성찰이 우리의 현재 상황과 어떤 관계가 있는가? 우리는 그들로부터 어떤 교훈을 배울 수 있는가? 나는 앞서 제시한 바의 요점을 개관한 다음, 이를 좀 더 발전시키도록 하겠다. 가장 중요한 요점은 절대성의 도입 — 그리고 특히 자신의 적을 절대적으로 악한 것으로 묘사하는 것 — 이 왜 정치를 왜곡하고 부패시키는가 하는 점을 이해하는 것이다. 이런 식으로 말하는 것, 즉 "악한 자들," "악의 하수인들," "악의 축" — 부시가 자주 쓰듯이 — 이라고 말하는 것은 사람들의 두려움과 불안을 불러일으키는 데에는 대단히 성공적일 수 있다. 그러나 그것은 진지한 협의와 외교 협상을 차단해 버린다. 그것은 무모한 군사적 개입을 "정당화하고," 현실적인 위험에 대응할 수 있는 대안들에 대한 진지한 고려들을 무시하는 데 이용된다. 그것은 반대 의견들이 존중되고 주의 깊게 평가되는 민주적 토론의 가능성을 배제한다. 그것은 면밀하게 분석되고 조사되며 토론될 필요가 있는 복잡한 주제들에 관한 진지한 탐구의 숨통을 막아 버린다. 론 서스킨드Ron Suskind는 로널드 레이건의 외교 정책 자문이자 아버지 부시 정부의 재무 관료였던 브루스 바틀렛Bruce Bartlett과의 냉랭했던 대화를 전하고 있다. 바틀렛은 조지 부시 대통령에 대해 이렇게 말했다. "그는 자신이 신으로부터 사명을 부여받았다고 진심으로 믿고 있다. 절대적인 신앙이 분석의 필요성을 압도해 버린다. 신앙의 본질은 경험적 증거가 전혀 없는 것을 믿는 것이다"(Suskind 2004: 46). 불행하게도, 많은 기독교 보수주의자들은 부시가 신의 뜻을 실행하고 있다고 믿고 있다. 서스킨드는 계속에서 말한다. 이미 2001년 여름, "조지 부시의 백악관은 눈에 띄게 일군—群의 생생한 특징들을 보여 주고 있었다. … 숙고나 심의에 대한 경멸, 단호함에 대한 포용, 경험주의로부터의 후퇴, 때로는 의혹을 제기하는 사람들과 심지어 우호적인 질문자들조차 참지 못하는 위협적인 태도를 보여 주고 있었다. 이미 부시는 말하고 있었다. '나와 내 결정을 믿는 자들이여, 그대들에게 보답이 있을지어다.' 백악관 전체를 통틀어서 사람들은 모두 보스를 향해 연결되어 있었다. 그는 스스로에게 이렇게 되묻지 않았다. 왜 그들은 그래야 할까?"(Suskind 2004: 49). 부시 정부의 재무장관직을 사임할 것을 요구받은 폴 오닐Paul O'Neill은 서스킨드에게 이렇게 말했다. "만일 당신이 특정한 방식으로 — '이것이 바로 내가 하겠다고 결정했던 바를 정당화하는 내가 원하는 방법이다. 그리고 나는 당신이 그것을 어떻게 처리하든 관심이 없다'고 말하는 식으로 — 처신한다면, 당신은 확실히 잘못된, 어느 일방의 정보만을 얻게 될 것입니다"(Suskind 2004: 51). 부시의 신앙에 기초한 자기 확신과 그의 "직감적 본능"에 대한 호소를 결합하는 것이 민주적 심의와 토론의 미덕을 보여 주는 예가 아님은 분명하다. 부시의 성격과 인성은 중요한 문제가 아니다. 오히려 두려운 것은 그가 드러내는 멘탈리티이다.

밥 우드워드Bob Woodward가 그의 책 『부시의 전쟁』을 쓰기 위해 부시를 인터뷰할 당시, 부시는 우드워드에게 이런 말을 했다. "내 마음속에는 우리가 옳은 일을 하고 있다는 것에 대한 추호의 의심도 없습니다. 단 하나의 의심도 없습니다." 또한 우드워드가 부시에게 이라크 전쟁에 대해서 아버지에게 자문을 구했었는지에 대해 질문하자, 부시는 이렇게 답했다. "내 아버지는 내가 의지할 만한 힘을 가지고 있지 않습니다. 내게는 내가 의지할 수 있는 더 높은 힘이 있습니다"(Schlesinger 2004: 35에서 인용). 우리가 부시의 신앙심의 진지함을 의심하거나 그의 종교적 믿음을 조롱할 필요는 없다. 하지만 **정치적 결정을 내리면서 그렇게 전지전능한 신에게 호소하는 것은 민주 정치, 토론, 심의의 정신에 반하는 것이다**. 정치적 행위의 세계는 언제나 예기치 못한 결과를 포함하기 때문에, 중대한 결정을 내릴 때에는 언제나 **합리적 의심**_reasoned doubt_이 적절히 요구된다. 그러나 이 사람은 자신이 중차대한 실수를 저질렀다는 점을 시인하지 않는 대통령이다.

민주 정치와 공적 자유의 구체적 의미에 대한 성찰은 상투적인 문구와 공허한 수사에 대한 의존을 넘어설 수 있다. 부시는 자신의 두 번째 취임 연설과 새해 연두교서에서 "자유," "해방," "민주주의"라는 단어를 — 마치 그 단어들이 마법이나 주문인 양 — 반복해서 되풀이했다. 그러한 공식 행사들은 분석적인 기교를 동원해서 분석하기에는 이상적 대상이 아니다. 그러나 우리는 전 세계에 자유와 민주주의를 전파하겠다는 우리의 사명을 이런 식으로 이야기하는 것이, 이라크 전쟁에 대한 애초의 정당화가 사담 후세인의 대량 살상 무기의 "급박한 위협"을 전제했던 것이라는 점을 잊도록 하기 위해서 의도된 것이라는 결론을 내리지 않을 수 없다. 그와 같은 "선동적인" 수사를 사용하는 것은 이중의 위험을 초래한다. 우리가 세계의 다른 곳에 자유와 민주주의를 가져다준다고 할 때, 그것은 위선적이고 공허한 수사로 들리거나 아니면 위험한 군사적 개입을 정당화하기 위한 차단용으로 들릴 수 있다.

앞서 나는 아렌트가 말한 해방적 자유liberty와 자유freedom의 중요한 차이를 언급했다. 즉, 해방적 자유는 "(무엇)으로부터의 자유"이고, 자유는 개인들이 함께 행위하고 심의할 때 일어나는 공적 영역 내에서의 공적인 실질적 자유의 성취를 의미한다. 내가 이러한 구분이 오늘날 매우 적절하다고 믿는 이유는 사담 후세인을 타도하는 것에 관한 미 행정부의 수사 중의 많은 부분이 이 무자비한 독재자로부터의 해방적 자유가 곧 이라크에서의 공적 자유와 민주주의의 번영을 즉각적으로 가져올 것이라고 주장하기 때문이다. 영향력 있는 많은 신보수주의자들은 마치 미국 군인들이 이라크 국민들의 위대한 해방자로서 열렬히 환영받을 것처럼 말했다. 그들은 자신들이 옳다고 확신했다. 왜냐하면 그것이 바로 그들이 이라크 친구들로부터 듣고 싶어 했던 것이기 때문이다. 부시 정부는 군사적 "승리" 이후에 해야 할 일들에 대한 상세한 계획이 전혀 없었으며, 광범위하게 일어나고 있는 무서운 반란들을 전혀 예측하지 못했다는 것이 이제 아주 분명해졌다. 대통령과 그의 보좌진들은 이라크 국민들이 일단 사담 후세인으로부터 해방되고 나면 민주주의로의 이행은 비교적 똑바로 그리고 무난하게 이루어질 것이라고 믿었다. (만일 그들이 이것을 정말로 믿지 않았다면, 그들은 분명히 미국 대중들에게 그들의 의심을 드러내지 않았을 것이다.) 대통령과 그의 내각은 여전히 자신들이 과오를 범했다는 것을, 자신들이 오류 가능한 판단을 내렸고 결국 틀린 것으로 드러났다는 점을 시인하지 않으려 한다.

여기서 나는 앞서 실용주의의 멘탈리티를 설명하면서 밝혔던 바를 다시 강조하고 싶다. 나는 합리적인 사람들은 서로 불일치할 수 있고 또한 실제로 불일치한다는 점을 지적했다. 실용주의적 가류주의는 실질적인 결론과 결정을 지시하지 않는다. 오히려 그것은 이러한 결정들이 어떻게 내려지고 논의되며 토론되는지에 주로 관심이 있다. 나는 이것을 이라크에 대한 군사 개입을 하기 이전에 실제로 (행정부 외부에서) 일어났던 몇몇 공적 토론에 비추어서 설명하고자 한다. 개인적으로, 나는 — 많은 미국인들처럼 — 이 군사 개입에 강하게 반대하는 입장이었다. 나는 선제공격preemptive war, 더 정확하게는 예방전쟁preventive war이라는 개념에 동의하지 않았다. 나는 이것을 미국 외교 정책상의 급진적 변화 — 정당하지 않은 변화 — 로 보았다. 나는 사담 후세인이 화학 및 생물학 무기를 갖고 있다고 믿었는데, 그것은 일차적으로 후세인이 이미 쿠르드족을 상대로 화학 무기를 사용했기 때문이다. 그러나 나는 후세인이 미국에 "즉각적인 위협"을 가한다고는 생각하지 않았다. 나는 그가 핵무기를 보유한 증거가 있다는 주장을 의심하고 있었다. 나는 강력한 봉쇄와 억지 정책 — 사담 후세인을 고립시키는 정책 — 을 선호했다. 역설적이게도 — 그 당시에는 아무도 알지 못했지만 — 이 정책은 이미 가동 중이었다. 사담 후세인은 자신이 보유한 대량 살상 무기들을 모두 파괴시켰던 것이다. 이것이 분명해졌을 때에도 대통령과 부통령은 대량 살상 무기가 더 발견될 것이라고 계속 장담했다. 나는 미국이 이끌어 온 일방적인 정책이 우리 동맹국들과의 다국적인 협력에 손상을 입히는, 장기적으로 해로운 결과를 가져오게 될 것이라고 느꼈다. 나는 후세인을 알카에다 및 세계무역센터 공격과 연결 짓는 어떤 실질적인 증거가 있다고는 생각하지 않았다. 더군다나 후세인의 세속주의secularism와 빈 라덴의 광신적인 이슬람 근본주의를 고려해 볼 때, "테러와의 전쟁"에서 이들을 서로 결부시키는 것이 납득되지 않았다. 그러나 내가 전쟁에 반대한 주된 이유는 미국 정부가 사담 후세인의 축출 이후에 이라크에서 일어날 일들에 관해서 거의 모르고 있다고 확신했기 때문이다. 이라크에서 폭발적으로 분출하게 될 혼란과 세력들에 대해 아무런 이해가 없었던 것이다.

그러나 내가 존경하는 사람들 중에도 군사적 개입에 찬성한 사람들이 있었다. 그들은 후세인이 단순히 무자비한 독재자가 아니라 그 이상이라고 주장했다. 그는 자기 나라 국민들에 대한 대량 학살을 기꺼이 자행했고, 반대파를 진압하고 자신의 반대자를 제거함에 있어서 아주 잔인했다는 것이다. 그들은 그 어떤 나라도 그 많은 UN의 결정들을 비웃는 것을 용납해서는 안 되며, 미국은 UN을 통해서 일을 추진해 왔고, 동맹국들이 군사 개입에 동참하도록 설득하는 데 많은 노력을 기울여 왔다고 주장했다. 그러나 당시는 단호한 리더십의 발휘가 요구되는 시점에 도달해 있었다. 후세인에게 권력이 있는 한, 중동 문제에 대한 해결책은 존재하지 않을 것이다. 후세인은 제1차 걸프전에서 이스라엘을 상대로 스커드 미사일을 발사했으며, 그가 또다시 — 그리고 더 강력하게 — 그렇게 하지 않으리라고 믿을 만한 이유도 없었다. 일부에서는 군사 개입이 진정한 새로운 출발은 아니지만, 미완未完의 제1차 걸프전을 종결할 수 있을 것이라는 주장도 있었다. 그리고 후세인의 몰락 이후에 발생할 일에 관한 여러 가지 불확실성이 존재하기는 했지만, 그의 무자비한 독재 치하에서 사는 것보다 더 나빠질 리는 확실히 없었다.

민주주의에서는 국가가 전쟁을 포함한 중대 결정을 고려할 때, 찬반 의견들을 완전히 표현할 수 있는 충분한 기회가 있어야 한다. 찬반 논쟁이 무산된 이후라 할지라도 논란의 여지가 있는 결정을 내리기 위해서는 공정한 민주적 절차가 반드시 존재해야 한다. 책임 있는 군사적 개입 옹호자들은 종교적 신념에 호소하지 않았고, 또한 절대성에도 호소하지 않았다. 또 자신들의 도덕적 확실성을 단언하지도 않았으며, 전쟁을 악에 대항하는 미국의 "십자군 전쟁"으로 정당화하려고도 않았다.[7] 나는 여

---

7. 부시 대통령은 2001년 9월 16일의 기자 회견에서 이렇게 말했다. "이것은 새로운 종류의 — 하나의 새로운 종류의 악입니다. 그래서 미국 국민들은 이

전히 전쟁에 반대하는 이유가 전쟁을 지지하기 위해 제시된 이유들보다 훨씬 더 강력하다고 확신한다. 그러나 나는 이라크와의 전쟁 개시를 옹호했던 많은 이들이 자신들의 입장을 정당화할 수 있는 좋은 이유들을 제시했다는 것을 부인하고 싶지는 않다. 민주주의는 의견의 갈등 위에서 자라난다. 실용주의적 가류주의는 그러한 갈등을 권장하지만, 의견들 간의 건전한 갈등을 절대성, 도덕적 확실성, 그리고 선과 악에 대한 엄밀한 도덕주의적 이분법에 대한 호소로 대체하려는 시도에는 반대한다.

나는 민주 정치에 대한 나의 논의를 시작하면서, "토론이 정치적 삶의 진정한 본질을 이룬다"는 아렌트의 선언에서 출발했다. 내가 그랬던 이유는 이 주장의 의미와 결과를 고찰함으로써 선과 악에 관한 절대성에 호소하는 것이 민주 정치를 부패시키는 이유를 이해할 수 있기 때문이다. 그러나 이와는 다른, 서로 상충하는 정치관도 존재한다. 가장 논란의 여지가 있는 입장 중 하나는 카를 슈미트Carl Schmitt의 "정치적인 것"에 대한 설명이다. 카를 슈미트는 1985년에 96세의 나이로 세상을 뜬 독일의 법률가이자 정치 이론가였다. 그의 경력은 제1차 세계대전, 바이마르 공화국의 붕괴, 히틀러의 부상, 그리고 제2차 세계대전으로 거슬러 올라간다. 그는 히틀러의 열렬한 추종자, 악

제야 이해하기 시작했습니다. 이 십자군전쟁, 이 테러와의 전쟁은 시간이 걸릴 것입니다." 이 "십자군전쟁"에 대한 언급은 전 세계의 이슬람교도들을 격노시켰다. 부시는 곧 악과 테러리즘에 대항하는 "십자군전쟁"에 관해 말하는 것을 중단했다.

랄한 반유대주의자, 자유주의와 다원주의 그리고 의회 민주주의를 무자비하게 비판한 사람이었기 때문에 세간의 혹독한 비난과 경멸을 받아왔다. 그러나 슈미트가 20세기의 가장 중요한 정치 이론가들 중 한 명이라고 주장하는 사상가들이 점차 늘고 있다 — 보수주의자들과 심지어 좌파 지식인들도 있다.

슈미트는 — 특히 그가 나치에 대해 저술하기 이전에 — "실제로 존재하는 정치really existing politics"에서 중요한 점을 포착한 정치관을 설파했다. 슈미트의 사상을 가장 잘 소개한 저술은 『정치적인 것의 개념The Concept of the Political』이다. 이것은 처음에는 1927년(듀이가 『공중과 그 문제들』을 출간했던 그해)에 출간된 저널에 논문으로 실렸다가 수차례 수정을 거친 뒤 작은 단행본으로 확대 출간되었다. 슈미트는 아렌트가 물었던 것과 동일한 질문을 제기한다. 정치란 무엇인가? 또는 더 정확하게는, 정치적인 것은 무엇인가? 그는 "정치적인 것das Politische"을 밝히고자 하면서, 정치를 다른 것들과 구분 짓는 기준에 집중한다. 그는 우리에게 강한 어조로 말한다. "정치적 행위와 동기로 환원될 수 있는, 특별히 정치적인 것으로 구별되는 특징은 친구와 적의 구별이다"(Schmitt 1995: 26). 그리고 그의 "적"이라는 말이 의미하는 것은 공공의 적이다. 명확하게 정의된 적이 존재하지 않는다면, 또 우리가 이상하고 낯설다고 인식하는 집단이 존재하지 않는다면, 엄밀히 말해서 정치도 존재하지 않는다. 정치는 갈등을 멀리하거나 피하려 하지 않는다. 정치는 갈등을 먹고 산다. 슈미트는 아렌트와는 달리 전쟁의 폭력이 정치에 위협이 된다고 생각하지 않았다. "전쟁은 정치의 목표도, 목적도, 심지어 그 진정한 내용도 아니다. 그러나 전쟁은 가능성으로서 언제나 존재한다. 전쟁은 그 특징적인 방식으로 인간의 행위와 사고를 결정함으로써 특별히 정치적인 행동을 창출하는 중요한 전제 조건이다"(Schmitt 1995: 34). 갈등과 투쟁, 나아가 전쟁이 없는 정치가 있을 수 있다고 보는 사람들은 너무 순진하다. 그보다 더 안 좋은 것은 그들이 스스로 정치를 파괴하고 제거하려 한다는 점을 깨닫지 못하는 것이다. 슈미트에 따르면, 자유주의가 추구하는 것은 정치의 종말을 초래하는 것이다.[8] [그가 말하는] 자유주의란, 국가는 중립적이며, 국가의 일차적인 기능은 개인들의 권리를 보호하고 중립적인 법률의 지배 하에서 타협과 갈등의 평화적 해결을 가능케 하고 증진시키는 정치 제도(예컨대 정당과 의회)를 발전시키는 것이다. 하지만 이것은 "허구"이다. 그는 심지어 "자유주의 정치liberal politics는 절대로 존재하지 않으며, 오직 자유주의적 정치 비판만이 있을 뿐"이라고 주장한다. 슈미트는 도덕, 종교, 미학, 그리고 정치의

---

8. 슈미트가 "자유주의"에 대해 말할 때, 그는 오늘날 미국에서 보통 사용되고 있는 의미로 자유주의라는 표현을 사용하지 않는다. 오늘날 미국에서 자유주의는 "보수주의"와 구별되고 그것에 반대되는 정치적 지향을 지칭하는 이름으로 사용된다. 오히려 슈미트는 자유주의라는 표현으로 개인의 권리와 그 권리들을 보호하는 데 있어서 국가의 중립성을 강조하는 자유주의의 고전적 교의를 지칭하고 있다. 이런 의미의 자유주의는 존 로크의 철학에 뿌리를 두고 있다(슈미트는 자유주의의 기원을 홉스에게까지 거슬러 올라갈 수 있다고 생각한다). 슈미트가 볼 때, 미국은 20세기 자유주의 사회의 전형적인 예이자 그의 가혹한 비판의 표적이다.

다양한 영역을 구분하고 있기는 하지만, 이 모든 것은 **잠재적으로 정치적이다**. 왜냐하면 예외적인 상황에서 모든 영역이 친구와 적으로 구분될 수 있는 한, 어떠한 영역도 정치적으로 될 수 있기 때문이다. 여기서 우리는 슈미트의 사상에 내재하는 불안한 긴장들 중 하나를 보게 된다. 그는 선과 악의 구분에 기초한 도덕과, 친구와 적의 분명한 구분에 기초해 있는 정치를 엄밀하게 구분한다. 도덕이 정치적 적을 규정하는 데 사용될 수는 있지만, 슈미트는 보편적인 도덕적 휴머니즘을 철저하게 비난한다. 적이 선과 악의 보편적인 도덕적 범주 내로 흡수되면, 적은 완전히 근절되어야 하는 비인간적인 괴물로 변한다. 그러한 보편적 도덕주의는 원수의 완전한 절멸을 요구하는 **총력전**total war을 "정당화"하기 위해서 위선적으로 사용될 뿐이다. 슈미트는 정치적 대항자로서의 **적**enemy과 우리가 도덕적으로 악이라고 비난하면서 절멸시키고자 노력하는 **원수**foe 사이에 경계선을 긋는다. 적을 도덕적으로 악한 것으로 여길 필요는 없다. 따라서 적에 대한 전쟁은 제한되어 있다. 적이 패하면 그 전쟁은 이긴 것이다. 원수에 대한 전쟁은 **총력전**이다. 원수가 완전히 절멸될 때에만 그 전쟁은 이긴 것이다. "정치적인 것"에 대한 슈미트의 표현에는 강한 도덕적·종교적 평가가 배어 있다(정치에서의 "인간성의 개념"에 대한 그의 경멸에 가까운 비판을 보려면 다음을 참조할 것, Schmitt 1995: 54).

슈미트는 정치적인 것에 대한 이러한 이해로부터 대단히 중요한 결론을 이끌어 낸다. 모든 정치적 집단은 예외적인 또는 극단적인 상황에서 결정을 내려야 하는 임무를 띤 주권자를 요구한다. 그리고 어느 상황이 예외적인지 결정하는 사람은 바로 주권자이다. 슈미트의 관점에서 보면, 토론은 물론 정치의 본질이 아니다. 토론, 심의, 설득은 정치에서 본질적인 것 — 정치적인 적을 다룰 수 있는 주권자의 확고한 결정들 — 을 모호하게 만든다. 주권자들은 자신들이 모종의 "상위 원리"에 호소해서 근본적인 결정을 내리고 있다거나 적절한 법적·정치적 절차를 따르고 있다고 가장할 수도 있다. 그러나 이것으로 그러한 결정들이 근거 없는 것이고 단지 주권자의 결정일 뿐이라는 사실을 감추지 못한다. 주권자의 결정 그 이상으로 호소할 수 있는 것은 없다.

자유주의는 확고한 주권자가 결정을 내리고 집행하는 것에 대해서 적들에 대해 갖는 두려움보다 훨씬 더 큰 두려움을 갖는다. 자유주의자들은 정치적인 증오는 완전히 제거될 수 없다는 사실을 인정하지 못한다. 증오는 인간 존재의 **실존적** 측면이기 때문에, 그것을 무시하거나 모호하게 만든다면, 우리는 현실 정치의 본질적인 성격에 대해서 너무나 순진하게 생각하는 것이다.[9] 주권자의 결정을 피할 수 있는 방법, 그리고 친구와 적을

---

9. 슈미트는 증오가 기본적인 인간의 (정치적) 조건이라고 주장한다. 그러나 그는 이 주장을 거의 정당화하려고 하지 않았다. 슈미트를 연구하는 가장 통찰력 있는 독일 학자 가운데 한 사람인 하인리히 마이어Heinrich Meier는 "정치"에 대한 슈미트의 이해는 그의 **정치 신학**에 뿌리를 두고 있다는 논의를 설득력 있게 전개한다. 마이어는 또한 『정치의 개념』의 판이 거듭되면서 나타나는 변화에 대해서도 통찰력 있는 분석을 제시한다. 마이어는 『정치의 개념』을 레오 슈트라우스Leo Strauss와의 미공개 대화에 대한 반응으로 해석한다. 마이어의 1995년과 1998년 저서를 보라. 마이어의 주장에 반대되는 슈미트에 대한

정치적으로 구분하는 기초가 되는 실존적 증오를 제거할 수 있는 방법은 존재하지 않는다.

슈미트의 정치관에 대해서 제기되는 활발한 논쟁 중 하나는 그가 주장하는 바의 주요 핵심을 우리가, 정확히, 어떻게 이해해야 하는가에 관한 것이다. 그는 정치가 실제로 어떻게 작동하는지에 대한 현실주의적 관점을 개진하는 데 주된 관심이 있었는가? 아니면 "현실" 정치가 마땅히 어떠해야 하는지를 우리에게 말하는 데 주안점이 있었던 것인가? 아마도 그는 이 둘을 다 원했던 것으로 보인다. 그는 비록 대단히 "문명화된" 형태의 정치와 전쟁이 — 과거에 — 존재하긴 했어도, 현실 정치를 특징짓는 것은 언제나 친구와 적 간의 대립이었다고 주장한다. 또한 그는 20세기에 등장한 새로운 유형의 총력전은 그릇된 보편적 휴머니즘의 결과라고 말한다. 그는 정치를 "비정치화"하는 현대의 그러한 모든 추세(예, 자유주의와 테크놀로지)에 강하게 반대한다. 따라서 우리가 정말로 정직하다면, 우리는 자유주의적 위선을 피해야 하며, 친구/적의 이분법이 "정치적인 것"을 정의한다는 점을 인정해야 한다. 또한 주권자들이 확고한 결정이 요청되는 예외적인 상황을 정의한다는 점도 인정해야 한다. 우리는 예외적인 주권자의 결정이 필요하다는 사실에 대해서 감상적이 되어서는 안 된다. 정치의 **진정한** 특징이 나타나는 것은 이른바 보통의 일상 정치의 예외들에서이다.

분석은 쇼이어먼Scheuerman의 책과 맥코믹McComick의 1997년 책을 보라.

슈미트가 최근에 많은 관심을 받게 된 이유 중 하나는 그가 현대 정치의 핵심적 특징을 고발한 것으로 보이기 때문이다. 1차 세계대전 이후의 정치사는 슈미트의 '친구/적' 이분법이 "꼭 들어맞는다"라고 말할 수 있다. 정치적 증오를 억누르고 규제하며 전쟁을 예방하기 위한 기구들(국가연합과 UN)을 만들어 내려는 시도는 결국 실패하였다는 것이 슈미트의 핵심적인 생각이다. 냉전의 종말과 더불어 슈미트적인 의미에서 정치는 곤경에 처한 것처럼 보였다. 그러나 9/11과 더불어 나타난 "테러와의 전쟁"은 ─ 적어도 미국에서는 ─ 정치적 정체성과 목적에 대한 새로운 의미를 만들어 냈다. 추측컨대, 오늘날에는 정치적 친구와 적에 대한 명확한 개념이 존재한다. 미국의 대통령은 우리와 함께하는 이들 그리고 "테러와의 전쟁"에서 우리와 맞서는 이들이라는 표현을 자주 쓴다. 우리의 정치적 정체성은 이러한 새로운 적에 맞설 때에 첨예해진다 ─ 우리는 "자유와 민주주의의 애호가이며 옹호자"이다. 또한 우리는 예외적인 상황에서 주권자의 결정의 역할까지도 볼 수 있다. 결국, 이라크에서 전쟁을 시작하겠다는 주권자의 결정을 내린 사람은 바로 부시 대통령이었다. (그러나 여기서 보편적인 인간의 자유라는 이름으로 행해진 "테러와의 전쟁"은 슈미트가 말했던 재앙적인 **총력전**과 잘 들어맞는다는 점에 주목해야 한다.) 이라크에서 전쟁을 시작하기 위해 내놓은 대부분의 이유들은 오늘날 신뢰받지 못하고 있다. 그러나 슈미트의 관점에서 보면, 이것은 실제로 적절한 지적은 아니다. 왜냐하면 주권자의 결정은 **결코** 이유에 의거해서 정당화되는 것이 아니기 때문이다. 그리고 선과 악에 관한 종교적·도덕적 언급은 우리 자신과 우리의 적을 구분 짓기 위한 **정치적 수단**으로서 가장 잘 이해될 수 있다.

슈미트의 정치관에는 극도로 어두운 이면이 존재한다. 물론 국가들이 맞서 싸워야 하는 현실의 적들이 존재한다. 알카에다의 존재와 관련해서 허구적인 것은 전혀 없다. 그러나 슈미트에게 있어서 정말로 중요한 것은 자신의 정치적 정체성을 규정하기 위해서 적을 만들어 내는 것construction이다. 정확하게 바로 이것이 미국이 그동안 해 온 일이다. 미국은 포괄적인, 위협적인 적 — "악의 하수인들" — 을 만들어 냈다. 그리고 이런 적을 만들어 내는 과정에서 사람들의 두려움과 불안을 이용하고 조종해 왔다. 두려움을 조종하는 것은 적을 규정하기 위한 가장 강력한 정치적 무기들 중 하나이다. 슈미트는 한편에서는 적을 밝혀내는 정치의 중요성을 강조하고, 다른 한편에서는 적의 완전한 절멸을 추구하는 이들의 "위선적인" 도덕주의를 비난한다.

몇몇 주석가들은 슈미트를 현대의 토머스 홉스라고 생각해 왔다. 슈미트가 홉스를 존경하기는 했지만, 사실 그는 홉스에 대한 혹독한 비판자이기도 하다. 그는 홉스가 현대 자유주의의 토대를 닦아 놓았다고 주장하기 때문이다. 슈미트와 마찬가지로 홉스도 증오 또는 호전성이 인간 존재의 자연적인 조건이라고 생각한다. 그러나 홉스의 『리바이어던Leviathan』은 "유한한 신" — 안전을 보장하기 위한 주권자 — 을 창조함으로써 이러한 호전성이 어떻게 통제되고 억제될 수 있는지를 보여 주고자 하는 의도에서 쓰인 것이다. 그러나 슈미트에 따르면, 우리는 정치적 증오를 진정시킬 수도 없고, 또 그래서도 안 된다. 그러므로 홉스는 정치의 목표가 평화와 안전을 추구하는 데 있다고 주장하는 자유주의자들과 다를 바 없다. 슈미트의 정치-신학적 명법은 "너의 적과 싸워라"이다.

슈미트의 원리를 현재 미국 정치 상황에 적용하는 것은 큰 아이러니이다. 우리는 슈미트가 경멸하고 비난받아 마땅한 것으로 생각한 자유 민주주의 원리를 명분 삼아 이라크 전쟁을 수행하였다. 우리는 계속해서 자유의 중요성, 이라크와 중동 지역에 진정한 민주주의가 이루어질 수 있도록 도와주어야 할 필요성에 대해 듣고 있다. 슈미트의 관점에서 보면, 이는 위선적이다. 슈미트에게 있어서 미국은 최악의 자유주의 — 민주주의, 보편주의, 인간주의를 가장하지만 실제로는 총력전을 일으킨 책임이 있는 자유주의 — 를 대변한다. 윌리엄 쇼이어먼William E. Scheuerman의 지적에 의하면, 슈미트의 반미주의는 너무도 극단적이어서 미국을 다음과 같이 묘사하고 있다. "오늘날 미국은 무시무시한 군사력과 자유주의적 보편주의를 체계적으로 합성시킨 세계 권력을 가지고… 최근의 전체주의적 독재보다 더 크게 인간성을 위협하고 있다"(Scheuerman 2004: 545).[10]

---

10. 슈미트주의자들 가운데에도 좌파와 우파가 있다. "테러와의 전쟁"을 설명하고 정당화하기 위해서 슈미트에게 호소하는 자들이 있는가 하면, "테러와의 전쟁"을 비난하기 위해서 슈미트에게 호소하는 사람들도 있다. 후자의 사람들은 "테러와의 전쟁"을 선과 악에 대한 위선적인 보편적 도덕원리에 의해 "정당화되는" 하나의 재앙적인 총력전이라고 비난한다. 우파와 좌파가 슈미트를 이

그러나 나는 우리가 슈미트로부터 배워야 할 중요한 교훈 — 비록 그가 의도했던 교훈은 아닐지라도 — 이 있다고 생각한다. 내가 그려낸 민주 정치와 슈미트의 정치관에는 상당한 균열이 존재한다. 슈미트는 자유주의가 그 가면을 벗으면 정말로 반-민주적이라고 주장한다. 그러나 슈미트는 민주주의의 친구가 결코 아니었다. 만일 우리가 슈미트를 진지하게 받아들인다면, 토론, 심의, 설득, 공적 영역, 그리고 공적인 실질적 자유는 정치와 무관할 뿐 아니라 정치의 진정한 특징을 모호하게 만든다. 우리가 슈미트의 원칙에 따라 행동하면 할수록, 우리는 민주 정치를 더 많이 붕괴시키게 된다.

오늘날 기본적인 문제는 우리에게 진정한 적이 있느냐 또는 이 적들과 싸울 필요가 있느냐가 아니라, 극단적인 상황에서 우리는 어떻게 **생각하고 행동할** 것인가 하는 것이다. 나는 시드니 후크가 했던 말을 이미 인용한 바 있다. "악한 사람들이 사람들에게 행할 수 있고 또 행해 온 것을 깨닫는 것은 인간 역사에 대한 모든 지성적인 평가에서 필수적이다." 그러나 우리는 증오가 인간 존재의 기본적인 실존적 조건이라는 슈미트 식의 명제를 받아들이지 않고서도 이러한 구체적인 특정한 악과 대면할 수 있으며, 나아가 어려운 선택과 결정을 내릴 수 있다. 그리고 우리는 허울 좋은 "강인한 마음의" 정치적 현실주의에 입각해서 너무 성급하게 처신하는 탓에 민주주의의 실천 관행과

용하는 것에 대한 설명은 Lilla의 1997년 책과 Wolfe의 2004년 책을 보라.

원칙을 희생시키려는 사유와 행동 양식으로 미끄러져 가는 것을 경계해야 한다. 오늘날 우리의 과제는 민주주의를 소생시키는 것이지, 슈미트적인 정치의 이름으로 민주주의를 포기하는 것이 아니다.

5. 악과 종교의 부패

선과 악에 관한 9/11 이후의 대중적인 담론은 종교를 부패시키고 있다. 미국에서 종교적 우파가 미국 정치에 미치는 영향력을 점차로 증가시켜 왔다는 것은 의심의 여지가 없다. 그러나 우리는 종교적 우파 — 또는 이른바 "신기독교 우파New Christian Right" — 와 종교를 동일시해서는 안 된다. 우리는 어떤 교파, 집단, 또는 종교 집단들의 연합이 종교의 옷을 "훔쳐" 입고 악이 무엇인지를 결정하도록 내버려두어서는 안 된다. 나는 서론에서 세계 종교들 — 유대교, 기독교, 그리고 이슬람교를 포함하는 — 의 심장부에는 늘 선과 악에 관한 관심이 그 중심에 있었음을 밝힌 바 있다. 모든 종교들은 선과 악이 무엇인지, 그리고 우리의 내부와 세계 안에 존재하는 악과 우리가 어떻게 맞서 싸워야 하는지를 설명하고자 노력해 왔다. 일신교적 관점에서 보면, 우리의 도덕의 근원이자 근거 — 선과 악을 구분하기 위한 기초 — 는 바로 신God이다. 많은 현대 사상가들은 우리가 도덕을 정초하기 위해서 반드시 종교에 호소할 필요는 없다고 주장해 왔다. 칸트는 프로테스탄트 신학과 종교 사상에 큰 영향을 미친 기독교 신앙인이었다. 그럼에도 불구하고 그는 "도덕은 그 자체로 종교를 전혀 필요로 하지 않는다. … 그것은 순수 실천이성에 의해서 자기 충족적이다"(Kant 1960: 3)라고 정언적으로 단언하였다. 그러나 이것은 많은 보통 종교인들이 믿는 것과는 다르다. 그들은 이와는 정반대로 종교적 신앙이 도덕의 토대이자 선과 악에 관한 지식의 토대가 된다고 믿는다.

세계 종교를 살펴보면, 모든 위대한 종교 전통에는 선과 악의 진정한 의미에 관한 지속적인 논의와 토론이 있어 왔음을 알 수 있다. 현존하는 종교 전통들은 획일적이지 않다. 거기에는 선과 악에 대한 진정한(유일한) 종교적 이해와 같은 것은 정말로 존재하지 않는다. 진정한 기독교의 선악관, 또는 진정한 유대교의 선악관, 진정한 이슬람교의 선악관 같은 것도 없다. 그리고 이는 현존하는 종교적 전통들의 전 영역에도 똑같이 적용된다. 다원성과 다양성은 종교적 전통들에 위협이 되지 않는다. 오히려 이것들이 종교적 전통들에 계속 생명력을 부여한다. 선과 악에 대한 종교적 개념들은 본래 서로 경쟁적이다. 선과 악이 본래 경쟁적이라고 해서, "아무거나 다 된다"고 말하는 것은 아니다. 오히려 그것은 우리가 선과 악에 대한 자신의 독특한 종교적 이해를 설명하고 정당화해야 하는 의무 아래 놓여 있다는 것을 의미한다. 이해를 추구하는 신앙faith seeking understanding이라는 위대한 종교적 전통이 있다. 그리고 이것은 자신의 믿음을 명료화하고 심화하기 위해서 질문을 던지고, 사유하고, 또 고민할 것을 요구한다. 매킨타이어는 전통 — 종교적 전통을 포함하는 — 에 대한 가장 간결한 정의들 중 하나를 우리에게 제시하고 있다. 그가 말하기를, "하나의 전통은 하나의 논증의 서사를 구체화할 뿐 아니라, 그 서사의 논증적 고쳐 쓰기argumentative retelling에 의해서 회복될 수 있다. 그러나 그 서사의 논증적 고쳐 쓰기는 그 자체로 다른 논증적 고쳐 쓰기와 갈등을 일으킬 것이다"(Macintye 1977: 461). 이는 경쟁하는 선악관들의 고쳐 쓰기에도 적용될 수 있다. 따라서 우리가 종교와 무비판적인 독단주의나 광신주의를 동일시한다면, 그것은 살아 있는 종교적 전통들에서 최선인 것을 저버리는 것이다. 어떤 사람이 자신은 신앙인이기 때문에 무엇이 악인지 알고 있으며 더 이상의 설명이나 정당화는 필요치 않다고 주장한다면, 그는 오만의 죄를 범하는 것이다.

9/11 이후의 선과 악에 대한 담론에서 내가 반대하는 것도 이 오만함이다. 마치 악의 의미가 완전하게 명료한 듯이, 더 이상의 주석이나 토론은 필요하지 않은 듯이 악을 이야기하는 것은 위험하다. [9/11 이후] "악"이라는 말은 우리가 혐오하는 것을 비난하기 위해서 지나치게 모호하고 관대하게 사용되는 경향이 있다. 악의 의미가 자명한 것으로 가정되면, 우리는 사유할 필요가 없다. 더욱이, "악"은 대단히 선택적이고 이기적인 방식으로 사용된다. 고문은 종교적인 윤리학자들이나 비종교적인 윤리학자들을 불문하고 모두에게 **본래적으로** 악한 것으로 받아들여

져 왔다. 고문과 의도적인 모욕이 아부그라이브뿐 아니라 이라크 전체에서 방대하게 자행되고 있다는 신빙성 있는 보도가 점차 늘고 있다.[1] 그리고 적십자사 보고에 따르면, "고문에 준하는" 행위들이 관타나모에 있는 수용소에서 자행되어 왔다고 한다. 그런데도 이런 것들은 악으로 간주되지 않는다. 나는 미국의 부시 행정부 중 누군가가 이런 행위들을 악이라고 비난했다는 성명을(진술을) 단 하나도 본 적이 없다.

이라크에 대한 미국의 군사 개입을 강하고 분명하게 옹호했던 뛰어난 저널리스트 앤드류 설리반 Andrew Sullivan은 미국인들이 저지른 잔혹 행위에 대한 자신의 분노를 "평범한 시각에서" 다음과 같이 설득력 있게 표현하고 있다.

> 그러나 민주주의에는 [포로들에 대한 고문과 모욕에 대한] 책임감 역시 더 크다. 테러리스트들과 맞선 무자비한 전쟁에서 그토록 열정적으로 싸운 이들이 이러한 학대에 대해 알게 모르게 청신호를 보내지 않았을까? 우리는 아프가니스탄에서 이라크에 이르는 그 복잡한 갈등들을 "악"에 대항하는 단순한 전쟁으로 특징짓는 것이 적들을 비인간화하고 학대로 나아갈 수 있는 결정을 걸러내서 그러한 결정을 내리지 못하도록 할 것이라고 순진하게 믿었던 것은 아닌가? 우리는 이

---

1. Danner(2004)를 보라. 또한 Steinfels(2004)를 보라. 스타인펠스는 "교황 요한 바오로 2세는 내재적 악의 문제에 대해 숙고한 그의 1993년 회칙인 '진리의 광채'에서 여건과 무관하게 그 자체로 악힌 행동의 목록에 인종 청소 및 노예제와 더불어 '신체적·정신적 고문'을 포함시켰음을" 지적한다.

싸움에서 우리 자신이 옳다는 확신에 찬 나머지 선한 대의가 위험을 초래할 때가 있다는 것을 인정하기 어렵게 된 것은 아닌가? 나는 이들 물음들에 모두 '네'라고 답하는 것이 두렵다. … 전쟁을 옹호하는 사람들, 특히 정부와 관련이 있는 사람들은 여전히 침묵을 지키거나 이미 일어난 일을 축소하려고 시도하거나, 아니면 전시戰時에는 그런 일이 항상 일어난다는 약삭빠른 주장을 해 왔다. 그러나 내가 보기에는 이라크 개입에 열렬히 찬성했던 사람들이 이 추한 결과물들을 조명하는 데 가장 열심히 앞장서야 할 것 같다. 이 전쟁에서 이기기 위해서는 시스템 내부의 이런 암癌을 제거하는 일이 반드시 필요하다. (Sullivan 2005: 11)

정부 내에서 설리반의 분노를 공유하지 않는 것은 부끄러운 일이다. 아부그라이브에서 일어난 일에 대해 "책임을 지는 것"에 관한 애매한 언급이 있기는 하지만, 이는 공허하고 무의미한 단어들로 보인다. 왜냐하면 민간이나 군 장교 중 어느 누구도 자리에서 해고되거나 쫓겨나지 않았기 때문이다. 오히려 그런 학대가 자행될 수 있도록 사전 준비를 한 사람들에게 보상이 돌아갔다. "포로들에 대한 고문 방법의 길을 튼 사람에게 미국인들의 인권을 보호하는 일이 위임되었다. 그가 지명되었다는 것은 참으로 놀라운 일이고, 그의 임명이 거의 확실하다는 것은 훨씬 더 놀라운 일이다"(Sullivan 2005: 11).[2]

---

[2] 앤드류 설리번은 곤잘레스Alberto R. Gonzales가 찬성 60표, 반대 36표로 상원에서 미국 법무부 장관으로 승인되기 직전에 이 글을 썼다. 최근에는 미국과 비

왜 이런 일이 일어났는가? 왜 부시와 그의 지지자들은 이렇게 뻔뻔스러운 악을 직접 대면하기를 꺼려 하는 것일까? 물론 그 중요성을 간과하고, 그것을 일부 "암적癌的인 존재들"의 행위로 보려는 데에는 정치적 이유가 깔려 있다. 아부그라이브에서 일어난 가혹 행위에 대한 국제 여론은 미국 행정부에게는 당혹스러운 일이었다. 그러나 또 다른 중요한 요인은 미국인들이 가혹 행위를 범했다고 시인하는 것은 이 행정부가 만들어 낸 "도덕적" 우주와 합치되지 않기 때문이다. 결국, 우리는 민주주의와 자유의 전파를 위해 매진하는 좋은 사람들이고, 나쁜 사람들 — 악한 사람들 — 과 싸우고 있다. 선과 악 사이에 엄격한 흑백의 대립이 존재하는 세계에서는 좋은 사람들이 악한 잔학 행위를 범하지 않는다. 도덕적 지침으로 신약에 호소하는 사람들은 사도 바울의 충고를 기억할지도 모른다. "악을 악으로 되갚지 마라. … 악을 악으로 극복하려 하지 말고 선으로 극복하라."

나는 오늘날 "악"이 사용되는 부주의한 방식이 종교를 부패시키는 효과를 가져온다고 생각한다. 나는 이것을 설명하기 위

밀리에 협력하는 외국 정부들이 미국이 붙잡은 포로들을 고문해 왔다는 새로운 증거가 제시되었다. 이 고문의 "아웃소싱"은 『뉴욕타임스』의 강경한 사설을 이끌어 냈다. "여기서 자행되고 있는 것은 행정부 정책의 지지자들이 묘사하고 있는 것, 즉 끔찍하지만 필요한 기술적 심문은 무고한 생명을 희생시킬 수도 있는 최악의 테러리스트들을 위해 마련해 둔 것이라는 설명과는 거리가 멀다. … 이것은 졸속으로 고안되어서, 부적절하게 정식화되고, 무능하게 집행되고, 지금은 통제에서 벗어난 한 시스템에 관한 것이다. 그것은 그것을 자행하는 사람들과 그것을 용인한 시민들의 인간성을 저하시키는 것이다"(「스스로 가한 상처」, 『뉴욕타임스』, 2005년 2월 15일, A15면).

해서 관련 이슈들을 검토하고자 한다. 먼저 "종교적인" 것과 "세속적인" 것 간의 구분을 고려해 보자. "종교적," "세속적"이라는 용어의 사용은 너무 친숙해서 우리는 새삼스럽게 이 용어들의 의미에 대해서 좀처럼 생각해 보려고 하지 않는다. 어원적으로 "세속적secular"이라는 단어는 주로 "세상"을 의미하는 중세 라틴어인 *saeculum*에서 유래했다. 호세 카사노바José Casanova가 말하듯이, 중세 교회법에서 "세속화는 '종교적인' 사람이 수도원을 떠나 '세상'과 그 유혹으로 돌아감으로써 '세속적인' 사람이 되는 법적인 것(교회법상의 과정)을 지칭하는 용어이다. 교회법상 성직자는 '종교적'이면서 동시에 '세속적'일 수 있다. 세상*saeculum*을 떠나 스스로 완성된 삶에 헌신하겠노라고 결심한 성직자들은 종교적 성직자가 되었다. 세상 속에서 삶을 보내는 사람들은 세속적 성직자가 되었다"(Casanova 1994: 13). 여기서 이 "세속적"의 초기 의미에 관해 특히 주목할 만한 것은, 수도원의 담장 안에 사는 수도자들과 수도원의 담장 밖의 세상*saeculum*에 사는 수도자들 간에 차이가 있기는 했지만, 그럼에도 불구하고 수도자는 종교적이면서 동시에 세속적일 수 있었다는 점이다. 세상 속에서 사는 기독교 성직자는 세속적 성직자였다(그리고 현재도 그렇다). 카사노바가 지적하듯이, "'이 세계'를 별개의 두 공간인 '종교'와 '세속'으로 구조적으로 양분하는 것은 '이 세계'와 '다른 세계'라는 또 다른 구분과는 구별되고 또 분리되어야 한다(Casanova 1994: 14). 근대 이전의 서양 기독교 국가에서 세계는 둘이 아닌 셋이었다. 다른 세계(천국)

와 이 세계(현세)가 존재한다. 그러나 여기서 이 세계는 종교적인 세계(교회)와 세속적인 세계로 나뉜다. 교회는 이 세계(현세)와 다른 세계(천국) 사이의 그리고 이 세계 내의 종교적인 영역과 세속적인 영역 사이의 매개자로서 이 이중의 이원론적인 분류 체계의 한 중심에 자리하고 있었다. 그러나 종교적인 영역과 세속적인 영역의 정확한 경계를 둘러싸고 언제나 긴장과 논쟁이 있었기 때문에, 이 "공간화된" 그림은 하나의 이상理想이었다.

우리는 이 배경에 비추어서 역사적 과정으로서의 세속화가 의미하는 바를 이해할 수 있다.

하나의 개념으로서 세속화는, "이 세계" 내의 이원론적 체계와 이 세계와 저 세계 사이의 신성한 매개 구조가 중세의 분류 체계 전체가 사라질 때까지 점차로 붕괴하면서, 그 영역의 새로운 공간 구조 체계로 대체되어 가는 실제 역사적 과정을 가리킨다. 막스 베버가 수도원 벽이 무너지는 것으로 표현한 이미지는 이런 근본적인 공간적 재구조화를 가장 생생하게 묘사하고 있다. "이 세계" 내의 종교적 영역과 세속적 영역을 분리하는 벽이 무너져 내려앉는다. "이 세계"와 "다른 세계" 간의 구분은 적어도 당분간은 그대로 남아 있다. 그러나 이제부터는 오직 단 하나의 "이 세계," 즉 세속적인 세계만이 존재하게 될 것이다. 종교는 이 세속적 세계 안에서 자신의 자리를 찾아야 할 것이다. 과거에는 종교적 영역이 모든 것을 포괄하는 실재였고, 그 안에서 세속적인 영역이 올바로 제자리를 찾아야 했다면, 오늘날에는 세속

적인 영역이 모든 것을 포괄하는 실재이고, 종교적인 영역은 이 세속
적 영역에 적응해야만 할 것이다. (Casanova 1994: 15)

세속화에 대한 이러한 성격 규정을 통해 우리는 사회 이론가들
과 종교 사회학자들이 "세속화 이론theory of secularization"이라 부
른 것을 이해할 수 있다. 실제로, 이것은 단일 이론이 아닌 여러
상이한 이론들의 집합체이며, 여기에는 주의 깊게 구분할 필요
가 있는 여러 관점들이 존재한다. 이 이론들의 핵심은 국가, 경
제, 과학의 분화와 같이 근대화 과정에서 출현하는 다양한 세
속적 영역들의 기능적 분화에 관한 것이다. 이 이론들의 기본적
인 생각은, 근대적 발전 과정을 통해 나타나는 이들 영역들은
각기 그 자체의 절차, 규범, 규칙성을 가지고 분화되고, 상대적
으로 자율적이 되어 간다는 것이다. 세속화 이론의 두 번째 측
면은 종교적 논제의 퇴보이다. 이것은 세속화의 역사적 과정이
발달할수록 종교가 퇴보하게 된다는 주장이다. 이 이론의 일부
옹호자들은 세계가 완전히 세속화되면 종교는 마침내 사라지
게 될 것이라고 주장한다. 세 번째 측면은 종교의 공적인 역할
이 감소한다 — 종교가 사생활화된다 — 는 것이다. 종교는 개
인적 신앙의 문제가 되고, 공적 영역에서 제거된다.

최근까지 세속화 이론들은 (이 세 가지 모든 측면에서) 이의 없
이 받아들여져 왔다. 그러나 세속화 이론들은 과거 수십 년간
— 특히 종교 논제의 퇴보와 사생활화 논제에서 — 심각한 비
판에 직면해 왔다. 일부 종교 사회학자들은 세속화 이론을 완

전히 폐기할 것을 주장한다. 확실히 종교는 현대사회에서 사라지고 있지 않다. 실제로, 경험적 정황들은 세계의 많은 지역에서(모든 지역은 아니지만) 대단히 다양한 종교들이 엄청나게 성장하고 있음을 보여 주고 있다. 게다가 우리는 종교의 사생활화보다는 사회 및 정치 운동에서 종교의 공적 역할이 급격히 증가하고 있음을 보고 있다. 이것이 바로 카사노바가 "탈사생활화 deprivatization"라고 부른 것이다.

또 다른 애매함 때문에 세속화 이론은 골치를 앓고 있다. 그 이론은 기술적·설명적 이론으로 개진되어 온 것으로 짐작된다. 또한 그 이론은 사회과학 이론으로서 경험적 증거에 의한 확증 또는 반박을 그 조건으로 한다. 그러나 여러 정식들 내부에 명백히 규범적인 편견들이 자리하고 있다. 종교의 퇴보와 사생활화가 바람직한 목적이라는 내용이 암묵적으로나 명시적으로 주장되고 있다. 많은 자유주의 정치 이론가들이 종교가 사생활화 되어야 하고 공적인 정치 영역에서 역할을 해서는 안 된다는 점을 설파하기 위해 세속화 이론을 끌어들인다.

지금까지 나는 학자들과 사회 이론가들이 "세속적" 그리고 "세속화"를 논의하는 방식을 살펴보았다. 그러나 세속화 이론에 딸려 있는 "세속적"이라는 단어의 대중적인 용법도 존재한다. 많은 종교인들의 관점에서 보면, 세속화는 중립적인 사회적 과정이 아니다. 세속화가 모든 것을 포괄하는 실재라는 점에서 그것은 종교적 삶의 방식을 위협한다. 이것이 종교인들이 세속화에 강하게 반대하는 이유이다. 기독교 근본주의적 관점에서 보면, 세속화는 몰沒개인적인 사회적 힘의 결과가 아니다. 그것은 개인들과 집단들의 음모가 서려 있는 목표이다. 이런 일을 하는 사악한 자들이 누구란 말인가? 그들은 일차적으로 "세속적인 휴머니스트들" — 신을 믿지 않는, 악한 자들 — 로서 성적 자유방임, 동성애, 낙태, 페미니즘, 상대주의, 그리고 무신론을 옹호한다. 그들은 비애국자이고 국가의 도덕심을 약화시킨다. 스티브 브루스Steve Bruce는 이렇게 말한다.

> '신기독교 우파'의 주창자들과 잠재적 지원자들이 당면한 문제는 그들의 환경을 염려케 하는 많은 것들을 초래하는 하나의 원인을 만들어 내는 것이었다. 그 문제에 대한 해결책은 '세속적 휴머니즘'이었다. 세속적 휴머니즘은,
> 　신의 신성함, 성경의 영감靈感과 예수 그리스도의 신성神性을 부인한다.
> 　영혼의 존재, 사후의 삶, 구원과 천국, 정죄와 지옥을 부인한다.
> 　성경의 창조 기록을 부인한다.
> 　절대성, 옳음과 그름은 존재하지 않는다고 믿는다 — 도덕적 가치는 자기-결정적이며 상황적이다.
> 　'남에게 해를 끼치지 않는 한에서' 네가 원하는 일을 하라.
> 　남성과 여성의 역할 차이를 없애는 것이 옳다고 믿는다.
> 　연령에 상관없이 혼전 성관계, 동성애, 여성 동성애, 근친상간 등을 포함해서 서로 동의한 개인들끼리의 성적 자유가 옳다고 믿는다.
> 　낙태, 안락사(자비사), 그리고 자살할 수 있는 권리가 옳다고 믿는다.

가난을 줄이고 평등을 가져오기 위해서 미국의 부를 평등하게 분배하는 것이 옳다고 믿는다.
환경의 통제, 에너지의 통제와 그 제한이 옳다고 믿는다.
미국적 애국주의와 자유 기업 체계의 제거, 군비축소 그리고 사회주의 단일 세계정부 건설이 옳다고 믿는다.

(Pro-Family Forum n.d.) (Bruce 1988: 77)

여기서 열거된 믿음들 중 어느 하나라도 믿는 사람은 "세속적 휴머니스트"로 분류된다. 이들 악한 세속적 휴머니스트들은 보수적인 기독교를 적극적으로 침해한다. 그러나 기독교 근본주의에 대한 이 다양한 "위반들"의 목록 속에서 어떤 정합성을 찾기는 어렵다. 이 목록은 그 목적이 무엇이건 악한 적을 이데올로기적으로 만들어 내는 데 이용될 수 있을 것이다. 그러나 그것이 실제로 특정 집단을 적시하지는 않는다. 종교인들과 비종교인들 중에는 위의 믿음들 중 일부는 받아들이면서도 또 일부는 부인하는 사람들이 많다. "예수 그리스도의 신성을 믿지 않는" 모든 종교인이 "세속적 휴머니스트"로 분류된다는 것은 터무니없는 결론이다.

    기독교 근본주의자들은 내가 비판해 온 멘탈리티의 극단적인 예를 보여 주고 있다. 절대성을 거부하는 것, 도덕적 확실성에 의문을 제기하는 것, 자신들이 기독교적 "진리"라고 이해하는 것으로부터 이탈하는 것은 곧 "세속적 휴머니스트"임을 뜻한다. 그리고 이들 근본주의자들에게 실용주의적 가류주의는 단지 "세속적 휴머니즘"의 다른 변형에 불과할 뿐이다. 그러나 훨씬 덜 극단적인 종교인들조차도 실용주의적 가류주의가 무신론적 세속주의의 한 형태라고 생각하는 경향이 있다. 나는 이런 주장을 비판하고자 한다. 나는 실용주의적 가류주의가 반종교적이고 무신론적이라고 생각하는 것은 (너무 평범하긴 하지만) 심각한 오류임을 앞에서 이미 지적한 바 있다. 나의 보다 일반적인 논지는, 내가 설명해 온 멘탈리티는 종교적인 형태와 비종교적인 형태를 모두 취할 수 있다(취해 왔다)는 것이다. 절대적인 도덕적 확실성을 주장하면서 세계를 경직된 이분법으로 나누는 사람들 중에는 종교인들도 있고 세속인들도 있다. 그리고 진정한 가류주의를 깊이 받아들이는 사람들 중에도 종교인과 비종교인들이 모두 있다. 바로 이것이 내가 앞에서 멘탈리티의 충돌은 종교/세속의 이분법을 넘어선다고 말한 이유이다.

고전적인 실용주의자들은 실제로 종교적 믿음을 **옹호했다**. 그들의 기독교적인 배경이 그들의 중요한 사상의 많은 부분들을 형성하였다. 그들은 종교적 신앙이 실용주의적 가류주의와 양립 가능할 뿐만 아니라 그에 의해 실제로 더 강해진다고 주장했다. 윌리엄 제임스는 1898년에 자신의 유명한 실용주의 개념을 소개하면서 다음과 같이 밝히고 있다. "차이를 만들어 내지 않는 차이는 존재하지 않는다. 어떤 사람, 어떤 방법, 어떤 장소, 어떤 시기에 제시된 추상적 진리가 구체적인 사실의 차이로, 또 그 사실에 수반되는 행동의 차이로 표현되지 않는다면, 그 추상적 진리는 차이가 없다[중요하지 않다]"(1977: 349). 실용주의적 접근을 설명하기 위해서 제임스가 제시한 첫 번째 예는 신과 유물론에 관한 논쟁이다. 그는 질문을 던진다. "모든 것들의 생산자는 물질인가, 아니면 신 역시 존재하는가?" 그가 말한 바를 들어보자.

> 만일 우리가 어떤 영감을 주는 정신이나 목적도 세상과 관련이 없고 세상은 단지 우연히 생겼을 뿐이라고 억지로 믿게 된다면, 우리들 가운데 많은 사람들이, 아니 우리들 대부분이 끔찍한 냉정함과 죽음이 세상을 지배하게 될 것이라는 느낌을 가질 것이라고 생각한다. 실제로 경험한 사실의 세부 사항들은 어느 가설에서든 동일할 수 있다. 일부는 유쾌한 것일 수 있고, 또 어떤 것들은 합리적이며, 또 어떤 것들은 이상하고 괴기스러운 것일 수 있다. 그러나 그것들 뒤에 신이 존재하지 않는다면, 우리는 그것들이 무시무시한 어떤 것을 가지고 있다고, 또 그것이 우리에게 진정한 이야기를 들려주지 않을 것이라고, 그것들의 눈에는 아무런 사색의 빛도 없을 것이라고 생각한다. 하지만 그들 뒤에 신이 존재한다면, 그들은 점차 단단해지고, 따뜻해지며, 모두 진정한 의미로 가득 차게 될 것이라고 생각한다. (James 1977: 350)

제임스의 사유의 전경에는 언제나 종교적인 물음들이 자리해 있었다. 일생 동안 잦은 우울증으로 고생한 제임스는 우리에게 다음과 같이 말하고 있다. "나는 항상 나의 우울증 경험이 종교와 관련이 있다고 생각해 왔다. 무슨 말인고 하니, 그 두려움이 너무 심각하고 강력해서, 만일 내가 '영원한 신이 나의 피난처이다,' '모든 괴로운 일과 모든 수고로운 짐을 졌거든 나에게 오라,' '나는 부활이요 생명이니'와 같은 성경 구절에 매달리지 않았다면, 나는 정말 미쳐 버렸을 것이다"(James 1977: 7). 제임스는 "믿을 수 있는 권리"를 분명하게 옹호한다. 그는 단언한다. "따라서 믿음은 우리 마음의 포기할 수 없는 타고난 권리이다. 물론, 그것은 실천적인 태도여야지 교조적인 태도여서는 안 된다. 그것은 다른 믿음에 대한 관용, 가장 개연적인 것들에 대한 탐구, 책임과 위험에 대한 충분한 자각과 늘 병행되어야 한다"(James 1977: 737). 이것은 근본주의자들이 공언하는 것과는 분명히 다른 유형의 믿음이다. 그것은 독단주의와 절대적 확실성과는 분명히 거리가 있다. 이는 실용주의적 정신으로 고취된 믿음이다.

실용주의자들 중에서 가장 "강인한 마음"의 소유자이자 과학적인 사람으로 여겨지는 퍼스조차도 "소홀히 취급된 신의 실재 논증"을 제시했다. 그는 아주 인상적으로 다음과 같이 밝히고 있다. "신에 관해서는, 당신들의 눈과 마음을 열어 놓아라. 그 감지 기관을 통해 당신은 신을 보게 될 것이다." 퍼스는 이러한 종교적 관점을 그의 우주론적 사색과 통합시켰다. 그는 복음서들에 대한 해석에 기초해서 "진화적 사랑"이라는 교리를 발전시켰다.

그렇다면 문제는 바로 이것이다. 그리스도의 복음서는 모든 개인들이 자신들의 개성을 그들의 이웃과 더불어 사는 방향으로 합류시킬 때에 진보가 시작된다고 말한다. 반면에 19세기에는 모든 개인들이 자기 자신을 위해 전력을 다해서 분투함으로써 그리고 그들에게 기회가 주어진다면 이웃을 짓밟음으로써 진보가 이루어진다고 믿는다. 이것은 정확히 탐욕의 복음이라고 해야 할 것이다. 양편에서 더 많은 것들이 논의될 수 있다. 나는 나 자신의 강렬한 편애偏愛를 감추지 않았고 또 감출 수도 없었다. 이러한 고백은 나의 과학적인 동료들에게는 아마도 충격일 것이다. (Peirce 1931-5: vi. 493)

민주주의에 대한 믿음을 공언했던 존 듀이는 종교적 관심사에 가장 무관심했던 실용주의자로 자주 간주되곤 한다. 그러나 브루스 쿠클릭(Bruce Kuklick, 1985)은 듀이의 기독교적 배경이 그의 가장 근본적인 생각들을 일궈냈다는 점을 보여 주었다. 스티븐 록펠러(Stephen Rockefeller, 1991)는 듀이의 사상을 다룬 그의 포괄적인 연구에서 "듀이의 사상을 그 종교적인 의미와 가치의 관점에서 접근할"(p. x) 필요성을 역설하였다. 듀이는 『공통의 신앙The Common Faith』에서 "전투적 무신론"과 "초자연주의"를 모두 비판한다. 신에 대해 말하는 것에 대한 듀이의 정당화와 경험의 종교적 차원에 대한 그의 옹호를 살펴보자.

개인적으로 나는 "신"이란 단어를 이상과 현실의 화합을 의미하는 것으로 사용하는 것이 적당하다고 생각한다. 그 한 가지 이유는, 내가 보기에는 전투적 무신론과 전통적 초자연주의에는 공통된 무언가가 있다는 사실에 기인한다. … 특히 내가 염두에 두고 있는 것은, 전투적 무신론과 초자연주의는 모두 고립되어 있는 인간에게 유독 집착하고 있다는 점이다. 초자연주의가 자연을 넘어선 무언가를 언급하고 있다고는 해도, 그것은 이 세상을 우주의 도덕적 중심으로 그리고 인간을 이 모든 것들의 전체 그림을 이루는 축으로 이해하고 있다. 초자연주의는 고립되어 있는 외로운 인간의 영혼 내부에서 일어나는 원죄와 구원의 드라마가 궁극적인 중요성을 지닌 유일한 것이라고 본다. 인간과는 별개로 자연은 저주받은 것 또는 하찮은 것으로 치부된다. 전투적 무신론 또한 자연적인 경건함의 부재不在의 영향을 받는다. … 여기서 취해지는 태도는 무관심하고 적대적인 세상에서 살면서 반항적 적개심을 분출하는 인간의 태도이다. 그러나 종교적 태도는 우리가 상상력을 통해 우주라고 느끼는 주변 세계와 인간이 서로 의존과 지지의 방식으로 연결되어 있다는 유대감을 필요로 한다. 현실과 이상의 결합을 전달하기 위해서 "신" 또는 "신성한"이라는 단어를 사용하는 것이 인간을 고립감으로부터 그리고 그로 인한 절망과 분노로부터 보호해 줄 수 있을 것이다. (Dewey 1986: 36)

여기에 고전적인 실용주의자들의 종교적 믿음과 경험에 대한 성찰을 보여 주는 간략한 인용문을 제시한 의도는 실용주의를 적대적, 무신론적, 세속적 휴머니즘으로 묘사하는 것을 타파하기 위해서이다.[3] 반대로, 이 사상가들은 자신들이 종교적 신앙

---

3. 또한 Rosenbaum(2003)에 수록된 나의 논문 「실용주의의 공통의 신앙」을 비롯한 논문들을 보라. 종교와 민주주의에 대한 실용주의적 이해를 조명하고

과 경험에서 가장 중요한 것으로 이해한 것을 설명하고자 노력했다. 실용주의적 가류주의는 종교에 위협을 가하지 않는다. 다만 그것은 모든 형태의 무비판적 독단주의를 거부할 뿐이다. 그러나 나의 일차적인 목표는 종교적 신앙과 경험에 대한 특정 실용주의적 개념을 옹호하려는 것이 아니다. (고전적 실용주의 사상가들 사이에도 현저한 차이와 갈등이 존재한다.) 내가 강조하려는 바는 종교적 믿음은 가류주의 정신으로 고취될 때 더 깊어진다는 점이다.

우리는 인간 존재들이 저지를 수 있는 악한 행위들을 결코 과소평가해서는 안 된다. 또한 우리는 장차 발생할 수 있는 새로운 형태의 악한 행위들을 충분히 예견할 수도 없다. 그러나 우리의 과제는 우리가 어떤 것을 악이라고 부를 때 우리가 의미하는 바를 구체적으로 밝히고, 이들 악에 대한 현명한 대응을 명료화하는 것이다. 우리는 이렇게 대단히 중요한 문제들에 관한 진지한 논쟁을 환영하고 장려해야 한다. 우리는 개인들을 악마화하거나 악을 세상 안에서 작동하는 몰沒개인적인 힘으로 간주하는 일을 피해야 한다.

종교적 근본주의자들은 실용주의적으로 개명된 종교 이해에 적대적이며, 또 그것을 경멸한다. 그러나 의문을 제기하고 오류 가능성을 인정하는 태도는 어떤 형태의 근본주의보다 진정한 종교적 전통에 훨씬 더 가깝다. 우리는 최근의 근본주의가 하

열정적으로 옹호하는 글은 Stout(2004)를 보라.

나의 종교적 운동으로 어떻게 등장하였는지를 가끔 잊곤 한다. 매우 다양한 종교 운동들이 함께 결합하는 경향이 있지만, 우리는 그것들을 조심스럽게 구별해야만 한다. 오늘날 매체들은 신기독교 우파, 복음주의자들, 근본주의자들을 다루면서, 마치 그들이 한 덩어리로 하나의 단체를 이루고 있는 것처럼 말한다.

"복음주의Evangelcalism"는 18세기에 일어난 프로테스탄트 종교 운동의 네트워크를 지칭한다. 복음주의를 연구하는 최근의 저술에서 저자들은 다음과 같은 믿음들의 유형을 복음주의의 특징으로 정의하고 있다.

> 성서주의biblicalism(궁극적인 종교적 권위로서 성경에 의존), 회심주의 conversionism(새로운 탄생New Birth에 대한 강조), 실천주의activism(종교적 의무와 사회참여에 대한 열정적인 개인주의적 접근), 십자가 중심주의 crucicentrism(본질적인 기독교의 핵심으로서 인간을 죄에서 구하기 위한 그리스도의 고난을 강조함). (Noll et al. 1994: 6)

이러한 도식적 정의는 — 이에 대한 아주 다양한 해석들이 존재하긴 하나 — 여러 복음주의자들의 핵심이 되는 믿음들을 보여 주고 있다. 모든 복음주의자들이 성경의 **자구적**literal 해석 또는 성경의 **무오류성**無謬性에 매진하는 것은 아니다. 더욱이 모든 복음주의자들이 보수적인 정치적 강령을 위해 매진하는 것도 아니다. 모든 형태의 정치적 참여를 피해 온 복음주의자들도 있고, 미국 역사상 가장 진보적인 운동에 영감을 불어넣고 중요한 역할을 한 복음주의자들도 있었다. 19세기에 복음주의자들은 노예 폐지 운동의 주역들이었고, 마찬가지로 특히 남부에서 기독교 원리에 의거해서 노예제도를 옹호했던 이들도 있었다. 20세기 초반에는 세속적 진보주의자들과 힘을 합하여 사회적·경제적 부정의에 맞서 싸운 사회 복음주의 운동Social Gospel Movement이 있었다. 그리고 복음주의자들, 특히 흑인 복음주의 교회들은 1960년대 시민권 운동에서 결정적인 역할을 하였다. 만일 우리가 복음주의 운동을 기독교 우파와 동일시한다면, 우리는 복음주의 운동의 다양성을 인정하지 않는 것이다. 그렇다고 해서 이것이 오늘날 보수적인 기독교 우파를 열성적으로 지지하는 많은 복음주의자들이 있다는 사실을 부인하는 것은 아니다.

미국의 근본주의는 19세기 마지막 10년과 20세기 첫 10년에 그 기원을 둔 반동적인 종교 운동이다.[4] 이것은 기독교 신앙을 현대 세계와 현대 과학에 적응시키고자 했던 자유주의적 프로테스탄트들에 맞서는 하나의 반동反動으로서 출발하였다. 근

---

4. 나는 나의 논의를 미국 프로테스탄트의 종교적 근본주의에 한정한다. 근본주의라는 용어는 미국에서 처음 유래되었지만, 오늘날에는 이슬람 근본주의를 비롯한 다양한 종교 운동을 지칭하는 데 사용되고 있다. 오늘날 세계에서 근본주의에 대한 가장 포괄적인 연구는 마틴 마티Martin E. Marty와 스콧 애플비R. Scott Appleby에 의해 편집되고 시카고 대학 출판부에서 발행된 5권의 연속 간행물인 『근본주의 프로젝트The Fundamentalism Project』이다. 미국 예술과학아카데미의 후원을 받은 이 다섯 권의 책은 일단의 국제적인 선도적 종교학자들의 논문들을 포함하고 있다. 근본주의에 대한 간략한 연구들은 브루스(Bruce 2000)와 루스벤(Ruthven 2004)을 보라.

본주의는 다윈주의Darwinism가 성경의 창조론을 위협한다고 보고 그것에 반대했다. 그것은 여러 명의 편집자들이 성경을 집필했다고 주장하는 고등 성서 비평을 거부하였다. 더 일반적으로 보면, 근본주의는 기독교적 신앙과 기독교적 생활 방식에 위협이 될 것 같은 현대의 세속적 조류에 대항하는 하나의 반동이었다.

"근본주의"란 단어는 흥미로운 의미론적 이력을 가졌다. 오늘날 이 단어는 일차적으로 부정적인 함축을 갖고 있지만, 이것이 처음부터 비난의 용어로 사용되었던 것은 아니었다. 이것의 기원은 옛 남부 지역이 아니라 캘리포니아 남부 지역에서 시작한다. 우리는 실제로 "근본주의"란 표현의 기원을 미국적 맥락에서 추적할 수 있다.

1910년 캘리포니아에서 정유 사업으로 큰돈을 벌어들인 두 명의 독실한 기독교도인 밀턴 스튜어트와 리먼 스튜어트 형제는 팸플릿을 무료로 배포하는 5년짜리 프로그램을 후원하는 사업에 착수하였다. 이 팸플릿들은 '영어를 사용하는 프로테스탄트 목사들, 전도사들, 선교사들, 신학 교수들, 신학을 공부하는 학생들, YMCA 간사들, 전 세계의 종교 출판물 편집자들'에게 보내졌다. 『근본 교리: 진리에 대한 증언The Fundamentals: A Testimony to the Truth』이란 제목을 단 이 소책자들은 다수의 지도적인 보수적 미국 신학자들과 영국 신학자들에 의해 쓰여졌다. 이 책자의 목표는 그 형제와 저자들이 프로테스탄트의 '근본적인' 믿음이라고 믿었던 내용들 — 성경의 무오류성, 신이 무로부터 세계와 인간을 직접 창조했다는 점(다윈의 진화론과 반대됨), 기적의 사실성, 예수의 처녀 탄생, 십자가에 못 박힌 예수와 그의 육체적 부활, 대속代贖(그리스도는 인간의 원죄를 속죄하기 위해 죽었다는 교의), 그리고 (모든 신자들이 아니라 일부 신자들을 위해) 세계를 심판하고 다스리기 위한 예수의 재림 임박 ― 이 훼손되지 않도록 하는 것이었다. (Ruthven 2004: 10-11)

스튜어트 형제는 전천년주의자들premillenial dispensationalists이었다. 그들은 성경, 특히 요한 계시록에 나오는 "종말의 시대"에 관한 예언이 문자 그대로 참이며, 세상의 종말이 임박했다고 믿었다. 심판의 날이 되면, 약속된 정의의 천년 역사가 시작되기에 앞서 구원받을 자와 저주받은 자들이 분리되고, 하나님을 믿는 자는 믿지 않는 자들로부터 분리될 것이라고 믿었다. (다른 복음주의 기독교인들은 심판의 날이 천 년 후에 찾아온다고 믿기 때문에 후천년주의자들이라 불린다.[5]) 만일 세상의 종말이 임박했다면, 선한 기독교인들의 의무는 가능한 한 많은 죄인들을 구해서 심판의 날에 그리스도 앞에서 "휴거"되도록 하는 것이다.

『근본 교리』는 300만 부가 배포되었다. 그리고 1920년에 보

---

[5] 스티브 브루스Steve Bruce는 이 두 개의 극단적 입장과 만연한 사회적 분위기 사이에는 하나의 연결고리가 있다고 적고 있다. "사회적 위기와 경제 불황의 시기에는 보다 비관적인 전천년주의자들의 견해가 우세해지는 경향이 있다. 20세기 초 20년 동안에 미국에서 나타난 것과 같은 사회적 낙관주의의 기간 동안에는 후천년주의자들의 견해가 보다 득세하는 경향이 있다(Bruce 2000: 11).

수적인 침례교 편집자인 커티스 리 로스Curtis Lee Laws는 끝에 "ist"를 붙여서, "근본주의자들Fundementalists은 『근본 교리』를 위해 싸울 준비가 되어 있는 사람들이다"(Ruthven 2004: 12)라고 선언하였다. 애초에 근본주의자들은 다른 죄인들을 비난하기보다는 자유주의 프로테스탄트들을 공격하는 데 더 많은 에너지를 쏟았다. 근본주의자들은 주요 도시의 개신교 교회들이 자신들을 무시한다고 느꼈다. 근본주의는 곧 농촌 지역, 특히 남부와 남서부 쪽에 자리를 잡았다. 전국적인 관심을 끌었던 테네시 주에서의 그 유명한 스콥스 재판Scopes trial(1925) 이후 근본주의자들은 여론에서 심각한 패배의 고통을 겪었다. 미국인권동맹(ACLU)의 명석하고 재치 있는 변호사인 클래런스 대로우Clarence Darrow는 성경에 대한 근본주의적 해석의 모순과 불합리함을 폭로함으로써 (미국 대선에 세 차례 출마했던) 윌리엄 제닝스 브라이언William Jennings Bryan을 굴복시켰다. 배심원단이 당시 창조설에 위배되는 교육을 금지하고 있던 주법을 위반한 혐의로 스콥스에게 유죄를 인정하기는 했지만, 이 재판을 통해 진화와 현대 과학을 심판대에 올려놓으려던 시도는 실패로 돌아가고 말았다. "여론 재판과 언론 재판에서 20세기와 도시와 대학들이 철저한 승리를 거두고, 시골과 남부와 근본주의자들이 유죄로 기소되었다는 점이 명백해졌다"(Marsden 1980: 186). 당대의 가장 유명한 저널리스트였던 맹컨H. L. Mencken은 근본주의자들을 비웃고 경멸했다. 근본주의자들은 그들만의 장소로 "후퇴했다." 그들은 자신들의 출판사, 방송국, 성경 학교, 세미

나를 시작했다. 그리고 그들은 그리스도의 재림을 기다리면서, 그들의 설교와 전도로 영혼을 구원하고 전 세계로 선교 사업을 벌이는 것에 집중하였다. 근본주의가 — 그 수와 세력이 점차 커져 가기는 하였으나 — 공적인 정치 생활에서 거의 역할을 하지 못하는 긴 잠복기가 이어졌다.[6]

1970년대에 이르러 근본주의는 새롭고 보다 강력해진 모습으로 세상에 다시 모습을 드러내기 시작했다. 1960년대는 근본주의를 경악케 했다. 학생 급진주의, 베트남 참전 반대 운동, 성 혁명, 그리고 페미니스트 운동의 시작은 기독교적 삶의 방식에 새로운 위협을 초래하였다. "가족의 가치"가 문제시되기 시작했다. 그리고 근본주의적 관점에서 보면, 사법부, 특히 연방 대법원은 전국에 걸쳐서 세속주의를 전파하고 강화하는 아주 적극적인 담당자가 되어 갔다. 이 시기는 근본주의자들이 점점 더 풍요로워지고, 또한 그들의 대의에 기꺼이 지지를 표하는 많은 부자 동조자들이 등장한 시기였다. 이제 근본주의는 기독교적 삶의 방식에 대한 세속적 도전으로 혼란을 겪고 있던, 보다 넓

---

6. 호세 카사노바는 다음과 같이 적고 있다. 대공황기 동안에 "복음주의 개신교는 공적인 시민의 종교이기를 그만두었다. … 경제와 더불어 종교도 그 나름의 '공황'을 겪고 있었던 것이다. 전후에 종교와 경제는 전형적인 주기적 부흥을 경험했다. 그리고 그와 보조를 맞추어 미국인의 '기독교회'는 꾸준히 진행되었다. 그러나 기독교의 성격은 변하였다. 종교는 꾸준히 사생활화되었으며, 개신교는 단지 또 하나의 종파가 되었다. 개신교 교회들과 다른 종교들은 여전히 공적 영역에 참여할 수 있고, 종종 실제로 참여한다. 그러나 그들은 더이상 공적 영역에 정착하지 않는다. 그들은 자신들끼리 경쟁해야 할 뿐만 아니라, 가장 중요한 것은 세속적 경쟁자들과도 경쟁해야만 한다"(Casanova 1994: 143).

은 범주의 기독교인 청중들에게 호소하기 시작했다.[7]

신기독교 우파가 등장하던 시기의 가장 중요한 사건은, 유명한 근본주의 침례교 목사인 제리 폴웰Jerry Falwell이 "도덕적 다수파Moral Majority"라는 명칭의 새로운 조직을 이끌 것을 권유받았던 1977년에 일어났다. 그 이전에는 근본주의자들 사이에 정치에 관해서 뿌리 깊은 양면적 태도가 있었다(아직도 가장 극단적인 종말론적 근본주의자들 사이에서는 이것이 남아 있다). 만일 "종말의 시대"가 정말 임박했다면, 부패한 정치 세계를 다루는 것은 아무 의미가 없다. 그러나 정치적으로 보수적인 조직책들은 당시 상황을 국가적인 정치적 목적을 위해 근본주의자들과 보수적인 복음주의자들을 결집시킬 수 있는 절호의 기회로 보았다. 스티브 브루스는 그들이 이 일을 어떻게 처리해 나갔는지를 기술하고 있다.

> 어떤 관심사들은 결집될 때에만 사회 운동이 될 수 있다. '새로운' 기독교 우파 운동의 창시자를 찾는다면, 그 최적의 후보는 놀랍게도 두 명의 가톨릭 신자일 것이다. 그리고 유태인인 리처드 비게리Richard Viguerie, 폴 웨이리치Paul Weyrich와 하워드 필립스Howard Phillips는 1960년대 후반과 1970년대 초반에 많은 신보수 단체들의 배후에서 기획과 자금 조성을 담당한 세 명의 보수주의 활동가들이다. 그들은 경제

---

[7] 마틴 마티와 같은 일부 주석가들은 개신교 근본주의는 이제 "정점에 달했고," 오순절 교회파와 같은 다른 개신교 집단들이 미국과 전 세계에서 급속히 성장하고 있다고 생각한다.

와 외교 정책과 같은 보통의 이슈를 넘어서는 많은 사회-도덕적 이 슈들이 조직화된 보수주의 운동의 기초로 활용될 수 있다고 믿었다. 그들은 또한 주류 정당들로부터 독립된 운동, 그러면서도 과거 금주 운동이나 미국 반공연맹과 같은 일회성 캠페인보다 훨씬 광범위한 운동을 구축하려고 노력했다. 이런 점에서 그들은 혁신자들이기도 하다. 그들은 빠른 속도로 공화당 내 한 분파를 이루었지만, 사실 신 기독교 우파는 주류 정당인 양당[공화당과 민주당] 모두에게 영향력을 행사하려는 야심에서 출발했다. (Bruce 2000: 71)

근본주의자들과 보수적 복음주의자들을 조직하는 일이 정치적 보수주의자들의 빛나는 정치적 책략이었음에는 의심의 여지가 없다. 설립 첫 달에 도덕적 다수파는 백만 달러를 모금했다. 설립 6개월 후, 미국인들의 40퍼센트, 미국 남부와 남서부 지역의 80퍼센트가 도덕적 다수파에 대해 들어 봤다는 여론조사 결과가 발표되었다. 도덕적 다수파는 조직화 첫해에 회원이 종교 목회자 7만 명을 포함해 모두 30만 명이었다고 밝혔다.

1980년, 제리 폴웰은 『들어라, 미국이여 Listen America!』라는 책을 출간했는데, 이는 잠재적 지지자들을 무장시키고 그 대항자들과 악한 적들에게 공개적으로 경고하는 도덕적 다수파의 성명서였다. 도덕적 다수파는 — 폴웰의 표현을 빌리면 — "가톨릭 신자들, 유대인들, 개신교 신자들, 몰몬교 신자들, 근본주의자들"(물론 이슬람교는 포함되지 않는다)을 포함하는 유대-기독교 연합을 도모하고 있었다. 다음의 인용문은 이 성명서의 분위기를 잘 전달해 준다.

1973년 1월 22일, 미국 연방 대법원이 로우 대 웨이드 사건으로 알려진 재판에서 임신 6개월 이내에는 여성의 요구대로 낙태할 수 있는 절대적 권리를 여성에게 인정하는 판결을 내린 이후로, 전문가들의 추산에 따르면 5백만 명에서 6백만 명에 달하는 아기들이 살해당했다. (p. 165)

대부분의 미국인들은 가정이 신성한 제도라는 생각을 깊이 받아들이고 있다. 그런데 이 나라 국민의 일부 소수가 다수에게 가장 중요한 것을 파괴하려 하고 있다. (p. 122)

전투적인 동성애자들은 "시민권" 또는 "인권"이라는 슬로건 아래 행진을 한다. … 그들이 정당한 소수로 받아들여지기를 요구하면서 말이다. (p. 183)

아이들의 일차적인 교육자로서의 가정의 역할에 공격을 가한 것은 다름 아닌 우리 정부이다. (p. 131)

우리는 그 어떤 것도 절대적으로 옳거나 절대적으로 그르지 않은, 도덕이 없는 사회로 매우 빠르게 옮겨 가고 있다. 우리의 절대성이 사라지고 있다. (p. 117)

학생들은 절대적인 것은 존재하지 않으며, 그들 스스로 자신의 가치 체계를 발전시켜야 한다는 소리를 듣고 있다. 휴머니스트들은… 도덕적 가치는 상대적이며, 윤리는 상황 의존적이라고 믿고 있다. (p. 206)

도덕적 다수파의 목표는 (a) 생명을 위하여prolife (b) 가정을 위하여profamily (c) 도덕을 위하여promoral (d) 미국을 위하여pro-American 효과적인 제휴를 이룩하는 데 필요한 리더십을 제공하는 것이다. (p. 259)

우파적 삶이 미국적 생활 방식으로 재정립되어야 한다. … 성경에 기초한 도덕의 권위가 우리 국가의 정당한 지도 원리로서 다시 한 번 인정되어야만 한다. (p. 265)[8]

이 인용구들로부터(초기 Pro-Family Forum 성명에서와 마찬가지로) 근본주의자들이 낙태, 동성애, 동성애자들 간의 결혼, 가정의 가치, 학내 기도 행사 거부와 같은 국내 이슈들에 일차적인 관심이 있었다는 것이 분명해진다. 이것이 "도덕적 가치"라는 암호가 의미하는 바이다. 애국주의와 "미국적(기독교적) 생활 방식"의 옹호 또한 그 중심에 있었다. 근본주의자들은 언제나 반공주의자들이었다. 그래서 그들은 레이건이 소련을 "악의 제국"이라 묘사했을 때 그 표현을 반겼던 것이다. 그러나 그들은 — 적어도 9/11까지는 — 외국의 정황이나 외교 정책 등에 그리

---

[8] 『들어라, 미국이여!』에 대한 호세 카사노바의 명료한 분석을 보라(Casanova 1994: 150-4).

많은 관심을 두지 않았다.

근본주의자들이 거둔 최초의 국가 정치적 대성공은 아마도 로널드 레이건의 선거에서 그들이 행한 역할이었을 것이다. 그러나 역설적이게도 거듭난 기독교인은 오히려 지미 카터였고, 레이건은 근본주의자들의 국내 의제를 그다지 실현시키지 않았다. 정치학자들과 사회학자들은 신기독교 우파New Christian Right가 레이건 개혁의 추진력이 되었는지, 아니면 레이건은 단지 그들을 등에 업고 당선된 것뿐인지에 대해 아직도 논쟁 중이다. 스티브 브루스는 1988년에 『신기독교 우파의 부흥과 몰락』이라는 제목의 책을 펴냈다. 그는 아마도 다소 경솔한 판단을 내린 것 같다. 1987년에 폴웰은 도덕적 다수파를 그만두었다. 1988년에 (대중적인 TV 전도사인) 팻 로버트슨Pat Robertson이 공화당 후보로 영입되었으나 비참한 패배로 끝을 맺었다. 그는 여느 공화당 후보보다도 많은 돈을 썼지만 한 번도 예비 선거에서 승리하지 못했다. 여론조사에 의하면, 사람들은 근본주의자들과 보수적인 복음주의 개신교도들이 종교와 정치를 공개적으로 결합시키는 것을 좋아하지 않았다. 그들은 TV 전도사보다는 우파 진영의 입장을 지지하는 세속적인 정치인을 선호했다. 브루스에 의하면, 신기독교 우파의 힘과 영향력은 그 적과 동지 모두에 의해 대단히 과장되어 왔다. "신기독교 우파(NCR)는 의미 있는 수준의 입법적 성공을 거두는 데 실패했고, 미국을 기독교화 하려는 그 주된 목적에서도 실패했다. 그리고 미래의 언젠가는 성공할 것이라고 가정할 만한 근거도 거의 없다. … 무엇이 신기독교 우파를 탄생시켰는지는 너무 불확실해서 알 수가 없지만, 그렇다고 그것을 되돌릴 수 있는 것도 아니다. 신기독교 우파의 지지자들을 괴롭힌 것은 근대성인데, 이는 앞으로도 사라지지 않을 것이다"(Bruce 1988: 182). 카사노바는 부르스의 훈계 어린 경고를 되뇌면서 이렇게 적고 있다. "잘 조직화되고 목소리가 큰 소수는 그 예기치 못한 동원으로 모든 이들을 놀라게 했지만, 잠재적 지지 유권자 수는 매우 느슨하게 잡아도 인구의 20%에도 미치지 못했다. 그러나 그 소수는 많은 사람들의 마음속에서 기적적으로 위협적인 다수가 되었다"(Casanova 1994: 161).

그러나 아버지 조지 부시의 재선 실패와 빌 클린턴 — 그토록 많은 근본주의자들이 격렬하게 증오하는 인성을 지닌 사람 — 의 정치적 성공에도 불구하고, 신기독교 우파는 사라지지 않았다. 신기독교 우파는 또 다른 국가적 기회가 나타날 때까지 그 시기를 조율하고 있었다. 그 기회는 9/11의 결과로 등장했다. 2000년 선거는 나라가 얼마나 근소한 차이로 두 거대 정당으로 나뉘었는지를 보여 주었다. 그 결과, 핵심 선거 주州들에서 동조 집단들을 조직화하는 일이 2004년 대선에서 결정적으로 중요할 것이라는 게 공화당 전략가들에게 분명해졌다. 부시의 명민한 정치 자문인 칼 로브Karl Rove는 9/11 이전에도 신기독교 우파를 조직화하는 일을 했었다.[9] 낙태, 동성애자 결혼, 그리고

---

9. 신기독교 우파는 개신교의 보수적인 복음주의자들과 근본주의자들보다 많은 것들을 포괄한다. 그것은 또한 많은 수의 가톨릭 보수주의자들도 포함한

가족의 가치에 관한 조지 부시의 선언 발표는 신기독교 우파가 듣고 싶어 했던 바로 그 내용이었다. 백악관은 또한 보수적 기독교인들이 선호하는 사람들을 주요 자리에 많이 임명하였다.

9/11이 나라 분위기를 철저하게 바꿔 놓았다는 점은 의심의 여지가 없는 사실이다. 또 부시는 그날 이후부터 줄곧 신기독교 우파들의 심금을 강하게 울리는 악이라는 용어를 과도하게 쓰고 있다. 미국은 "테러와의 전쟁"에서 거대한 사탄, 적그리스도와 싸우고 있었다. 피터 싱어Peter Singer는 조지 부시의 윤리에 대한 연구에서, 기독교 복음주의가 부시에게 미친 영향력의 가장 분명한 징표는 선과 악의 갈등에 대한 그의 반복적인 인용에 있다고 지적한다.

> 우리는 부시가 종종 "악한 자들" 그리고 이따금씩 "악의 하수인들"을 언급하는 것을 보아 왔다. 그는 우리에게 "악을 비난하고," 또 "악과 싸우라"고 촉구하면서, 선이 악을 이길 것이라고 말한다. 이것이 바로 종말론적 기독교에서 나온 언어이다. 부시가 이 언어를 사용한

다. 그들은 보수적 개신교도들과 동일한 국내적 관심사들을, 예컨대 낙태, 동성애, 동성 간 결혼 등에 관해 동일한 관심사를 공유한다. 이 기독교 연합의 정치적 의의는 2004년 대통령 선거 당시 오하이오 주에서 발생한 일에 의해 설명된다. 당시 오하이오 주는 경제 하강과 실업 증대를 경험하고 있었다. 그리고 많은 전문가들은 케리가 거기서 승리할 수 있는 좋은 기회를 가졌다고 생각했다. 만약 존 케리가 60,000표만 추가로 득표를 했었더라면, 그는 오하이오의 20명 선거인 표를 얻었을 것이고, 전국에서 승리했을 것이다. 그러나 보수적인 개신교와 가톨릭 연합이 오하이오 주에서 부시의 승리를 주도했다. 부시는 보수적인 복음주의자들의 표에 더해서 가톨릭 표의 55%를 얻었다.

맥락을 이해하기 위해서 우리는 수천만 명의 미국인들이 세계 종말론적 견해를 믿는다는 사실을 기억할 필요가 있다. 『타임』지에서 실시한 여론조사에 따르면, 미국 성인의 53%가 "예수 그리스도의 재림이 임박했으며, 그와 더불어 사악한 모든 것들이 재앙으로 파괴된다는 성경의 예언이 실현될 것이라고 믿는다." 그리스도의 재림 이전에 일어나는 묵시록의 징후 중 하나는 그리스도의 궁극적 적인 적그리스도의 출현이다. 적그리스도는 최후의 전쟁에서 사탄의 세력을 지휘하지만, 이 전쟁에서 신의 세력이 승리하고, 이 땅에 하느님의 왕국을 건설하는 것으로 끝이 나게 된다. 많은 미국 기독교인들은 이 예언을 그들이 살고 있는 세상에 투사하면서, 자기 나라가 신이 내린 임무를 수행하고 있다고 간주한다. 그러므로 국가의 적들은 악마화된다. 그것이 바로 부시가 하고 있는 일이다. 2003년 2월, 부시는 호주 수상인 존 하워드John Howard와 이라크와의 전쟁 가능성에 대한 논의 도중에, 이라크 국민들을 위한 자유는 미국이 줄 수 있는 선물이 아니라, "신이 세상의 모든 인류에게 내리는 선물"이라고 하면서, 사담 후세인을 축출하기 위한 전쟁이 마치 신이 승인한 것인 양 말하였다. 부시가 "악의 축" 연설을 할 당시 연설 초고 작성자였던 데이비드 프럼David Frum은, 부시가 9/11의 배후에 있는 사람들을 "악한 자들"이라고 표현한 것에 대해 이렇게 말한다. "인구의 거의 3분의 2가 악마를 믿는 나라에서 살고 있는 부시는 오사마 빈 라덴과 그의 일당을 문자 그대로 사탄과 동일시하고 있었다."

프럼은 부시가 이라크, 이란, 그리고 북한을 언급하면서 어떻게 해서 "악의 축"이란 문구를 사용하게 되었는지를 설명하였다. 그는 애초의 초안에선 오늘날의 미국의 적을 제2차 세계대전의 적과 비교하면서 "증오의 축axis of hatred"이라고 지칭했다. 그러나 연설문에 대해 총괄적 책임을 지고 있던 복음주의 기독교인인 마이클 거슨Michael Gerson이 "증오"를 "악"으로 바꾸어 버렸다. 왜냐하면 그는 "부시가 9월 11일 이후로 그 자신의 것으로 만들어 버린 신학적 언어를 사용하고 싶었기 때문이다." (Singer 2004: 207-8)

미국인들이 이슬람 극단주의자들의 테러에 노출되어 있음을 갑자기 고통스럽게 깨닫게 된 9/11 이후로 부시의 "신학적 언어"는 깊은 감정과 정치적 지지를 불러일으키는 데 극히 효율적이었다 ― 근본주의자들과 보수 기독교 복음주의자들 사이에서뿐만 아니라 보다 개방적인 기독교 공동체에서도 그랬다. 그러나 피터 싱어가 지적하듯이, 세계를 악의 세력과 선의 세력 사이의 거대한 전쟁으로 바라보는 것은 기독교의 정통이 아니며, 오히려 기독교인들이 한때 이단으로 여겼던 것이다.

그러나 세계를 선의 세력과 악의 세력 사이의 갈등으로 바라보는 것은 정통 기독교의 견해가 아니라, 마니교의 이단과 관련이 있는 견해이다. 아우구스티누스는 마니교를 혹독하게 비판했는데, 그는 어떤 종류의 악한 세력을 모든 악의 근원으로 보는 것은 자기 자신의 잘못을 위장하는 방법이라고 생각했다. 그러나 제재와 잦은 박해의 세월에도 불구하고 세상을 바라보는 마니교적 방식을 완전히 근절시킬 수는 없었다. 종교개혁 이후 마니교적 견해가 일부 프로테스탄트

분파에서 나타났고, 그들이 이것을 미국으로 옮겨와서 크게 번영시켰다. … 미국을 순수한 선으로 보고, 그 적들을 완전한 악으로 보려는 부시의 태도는 이러한 미국-마니교 전통에 그 뿌리를 두고 있다.
(Singer 2004: 209)

여기서 한 가지 수정해야 할 것은 이것이 결코 마니교도들의 주장이 아니라는 점이다. 앞서 내가 지적했듯이, 이것은 선한 의지의 세력이 악에 승리를 거둘 것이라는 믿음이 깔려 있다는 점에서 실제로 유사 마니교 — 기독교적으로 왜곡된 마니교 — 이다. 신은 우리 편에 있다. 이 신학적 언어는 마치 그것이 진정한 종교적 또는 진정한 기독교적 견해인 것처럼 제시되고 있다. 그러나 실은 그렇지 않다. 그것은 기독교인들이 한때 이단이라고 여겼던 것에 더 가깝다.

우리는 역사를 통해 선과 악이 무엇인지를 알고 있다고 절대적으로 확신하는 이들이 저지르는 잔인함과 극단적인 폭력을 목격해 왔다. 최근 아서 슐레진저 쥬니어Arthur M. Schlesinger, Jr는 오늘날 문명에 대한 가장 커다란 위협은 종교적 광신주의자들로부터 나온다고 단언하였다.

> 종교적 광신주의는 문명에 대한 현재의 가장 커다란 위협인 테러리즘을 길러내는 곳이다. 세계에서 — 아일랜드, 코소보, 이스라엘, 팔레스타인, 카슈미르, 스리랑카, 인도네시아, 필리핀, 티베트 등에서 — 일어나는 대부분의 살인들은 종교적 불일치의 결과로 빚어진 것들

이다. 자신들이 전능한 신의 의지를 이행하고 있다고 믿는 자들보다 이 세상에서 더 위험한 사람들은 없다. 테러리스트들로 하여금 이교도들을 살해하게끔 내모는 것도 바로 이러한 확신이다. (Schlesinger 2004: 116)

나는 "자신들이 전능한 신의 의지를 이행하고 있다고 믿는 자들보다 이 세상에서 더 위험한 사람들은 없다"는 슐레진저의 생각에 동의한다. 이것이 바로 민주주의와 자유를 신봉하고 있다고 스스로 생각하는 우리의 정치 지도자들과 동료 시민들로부터 이와 비슷한 말 — 자신들이 전능한 신의 의지를 이행하고 있다는 말 — 을 들었을 때 우리가 그렇게 곤혹스럽고 무서운 이유이다. 이것이 바로 실용주의적 사상가들이 근절하고 비판하고자 노력해 왔던 그런 종류의 무비판적 절대주의 — 민주 정치와 종교를 부패시키는 절대주의 — 이다.

많은 기독교인들과 여타 종교인들은 악의 세력과 선의 세력 간의 거대한 갈등으로 세계를 바라보는 관점을 받아들이지 않는다. 그들은 또한 문명의 충돌 개념도 거부한다. 그들은 부시와 그의 지지자들이 불안한 정치적 정책을 정당화하기 위해서 "악"을 하나의 포괄적인 용어로 사용하는 방식에 의문을 제기한다. 그들은 스스로를 신의 의지를 이행하는 진실한 신자들이라고 주장하는 이들을 깊이 의심한다. 그들은 가류주의적 정신이 그들의 종교적 믿음 — 그들이 기독교인이든, 유대인이든, 회교도이든, 아니면 다른 어떤 종교를 따르는 사람들이든 간에

― 을 인도할 수 있고, 또 그래야 한다고 믿는다. 어떤 개인, 종파, 또는 교단이 자신들을 선과 악에 관한 유일하고도 확실한 이해를 갖고 있다고 내세울 때, 또 의심스러운 정치적 의제를 제시하기 위하여 "악"이 포괄적인 비난의 용어로 사용될 때, 거기에서 종교의 **부패**가 나타난다. 종교인들과 비종교인들은 모두 이런 식으로 증오심을 불러일으키는 부패의 형태에 열정적으로 맞서야 할 것이다.

에필로그
무엇을 할 것인가?

나는 일단 부인하는 것에서부터 시작하고자 한다. 내가 이제껏 옹호해 온 실용주의적 가류주의 정신에서 보면, 악의 남용을 바로잡기 위해서 위대한 해결책이나 청사진을 내놓는 것은 무모한 일이다. 책임 있는 선택과 행위는 언제나 특이성, 상황에 대한 민감성, 주의 깊은 분석, 현실적인 대안들에 대한 명료화, 토론과 설득을 요구한다. 그러나 이것이 곧 해야 할 일이 아무것도 없다는 말은 아니다. 그것은 절망적인 조언일 것이다. 여기서 한나 아렌트가 『전체주의의 기원』의 서문에서 썼던 내용을 상기하는 것이 도움이 된다. "이 책은 경솔한 낙관주의와 경솔한 비관, 이 양자의 배경에 반대하기 위해 쓰여졌다. 이 책은 진보와 파멸은 동전의 양면이라고 주장한다. 이 둘은 모두 신념이 아닌 미신의 소산들이다." 또한 메넌드의 논제를 상기하는 것도 유용할 것이다. 메넌드는 홈즈, 제임스, 퍼스, 듀이의 일생의 작업이 남북전쟁 기간 동안에 만연했던 멘탈리티에 대해 어떻게 창조적으로 반응했는지를 알려 준다. 또한 그는 그들이 어떻게 미국의 정치 문화와 일상생활의 문화를 형성하는 데 도움을 준, 더욱더 열려 있고, 융통성 있고, 실험적이며, 오류 가능한 사유와 행동 양식을 길러내고자 노력했는지, 또 어떻게 해서 상당한 정도로 성공을 거두었는지를 알려 주고 있다. 물론 우리는 극히 다른 시대에 살고 있다. 그러나 내가 주장했던 것처럼 동일한 또는 유사한 멘탈리티는 다양한 역사적 형태를 취할 수 있다. 광범위한 불안과 공포 그리고 위기가 감지되는 시대에는 우리를 당황케 하는 우발적 사건들을 이해하는 데 도움이 되는 절대성, 확고한 도덕적 확실성, 그리고 단순화된 구도에 대한 갈망이 생겨난다. 그것들은 심리적 안전감을 제공하는 데 도움이 된다. 9/11 이후로 우리는 그런 시대를 살고 있다. 우리가 직면하고 있는 현실적인 위험 그 너머에는 우리가 적으로부터 침해를 당할지도 모른다는 느낌, 무엇이라고 이해하고 규정하기 어려운 느낌이 널리 퍼져 있다. "테러와의 전쟁"은 근대사의 여타의 전쟁과는 다르다. 그것은 어느 주권 국가에 대항하는 전쟁도 아니고, 내전도 아니며, 게릴라전은 더더욱 아니다. 우리는 무정형의 애매한 적과 싸우고 있는 것이다. 그런 전쟁에서 어떻게 행동할 것인지는 분명치 않으며, 또한 무엇을 "승리"라고 봐야 할 것인지도 분명치 않다. 세상을 이해하는 우리의 관습적 범주들이 파괴될 때, 그리고 새롭고 보다 적절한 이해의 수단들을 마련하는 법을 몰라서 어쩔 줄 모를 때, 우리는 불안과 위협을 느낀다. 악에 대한 부주의한 담론을 늘어놓는 것과 우리의 적을 악마화하는 것은 도움이 되지 않는다. 반대로 — 내가 이미 논의한 바와 같이 — 그것들은 복잡한 문제들을 모호하게 만들고, 탐구를 가로막고, 미해결의 유동적 사태들에 대한 적절한 대응이 무엇인지에 관해서 공적 토론을 하지 못하도록 방해한다. 그렇다면 무엇을 해야 하는가? 보통 시민들은 악을 정치적으로 남용하는 것에 대해 저항하고 반대해야 하며, 절대성을 악용하는 것을 비판해야 한다. 그리고 도덕적 확실성에 대한 오도된 거짓 주장들을 폭로해야 하며, 단순한 이분법에 호소하는 것 — 또는 그것을 강요하는 것 — 으로는 우리가 직면한 복잡한 문제들을 적절히 다룰 수 없다고 주장해야만 한다. 홈즈, 제임스, 퍼스, 듀이가 다른 시대에 전혀 다른 여건에서 그랬던 것과 마찬가지로 대중적 지식인들과 교육자들, 그리고 언론인들과 예술가들이 그 길을 안내하는 역할을 해야 한다. 미국 역사에서는 적을 악마화하고 세상을 선의 세력과 악의 세력으로 나누는 멘탈리티가 우세했던 때도 있었다. 이것이 바로 매카시 광풍이 불던 암흑기의 모습이다. 그러나 매카시즘은 패배했다. 그리고 이것은 부분적으로 매카시의 선동에 저항하고 반대하는 용기를 지닌 사람들이 있었기 때문이다.

그 문제는 미국만의 문제가 아니다. 멘탈리티의 충돌은 세계 도처에서 일어나고 있다. 다양한 형태의 근본주의와 광신주의가 확산되고 있으며, 위협적인 대중 운동이 되고 있다. 앞에서 나는 실용주의적 가류주의의 멘탈리티는 미국에만 고유한 것이 아니라고 논의한 바 있다. 비록 시작 단계이기는 하지만, 새로운 민주적 세계시민주의가 세계 도처에서 출현하기 시작했다. 완고한 이데올로기에 호소하는 것을 혐오하는 민주주의적 신념을 지닌 사람들은 같은 마음을 지닌 개인들과 함께 전 세계적인 연대를 구축해야 한다. 또한 듀이와 아렌트로부터 배운 교훈도 있다. 두 사람은 우리에게 민주주의가 실제로 얼마나 연약한지 — 그것의 운명이 얼마나 불확실한지를 알려 준다. 민주주의가 존속되고 번영할 것이라는 보장은 어디에도 없다. 민주주의는 선거와 공식적인 정치 제도만으로는 이루어지지 않는다. **민주적 에토스**가 살아 있어야만 한다. 그리고 이것은 꾸준한 관심과 노력과 실천을 요한다. 듀이가 말한 "창조적 민주주의"를 창조하고 유지하는 것, 이것이 언제나 우리 앞에 놓여 있는 과제이다. 강한 가류주의는 필수적인 민주적 덕과 실천적 관행을 계발할 것을 요구한다. 우리가 이 민주적 에토스를 붕괴시킬 위험, 그리고 민주주의에서 일체의 실질적 의미를 빼앗아 버릴 위험은 항상 존재한다.

또한 우리는 현대 세계에서 종교의 역할에 대해서도 재고할 필요가 있다. 학자들은 이미 다양한 세속화 이론들에 이의를 제기하기 시작했다. 이것은 근대성에 대한 우리의 전통적 이해 가운데 많은 것들을 재고할 것을 요구한다. 그것은 또한 새로운 현상들을 이해할 필요를 제기한다. 여기에는 전 세계의 그렇게 많은 사람들이 종교가 그들의 삶에 중요한 영적 차원을 제공한다고 느끼는 이유와 또 그들이 전투적인 종교적 근본주의에 호소하는 이유를 이해하는 것도 포함된다. 우리는 종교의 "탈사생활화"와 종교가 사회 운동에서 강력한 세력이 되는 방법들을 이해할 필요가 있다. 우리는 종교가 — 라틴아메리카의 해방신학의 경우에서와 같이 — 해방적 목적에 종사하는 이유와 방법을 이해해야 하며, 또한 종교가 테러리즘을 양산하는 데 기여하는 이유와 방법도 이해할 필요가 있다. 이것들은 지적인 과제들이다. 하지만 행동으로 이어져야 하는 실천적 활동이기도 하다. 자신들의 종교적 신앙을 확신하는 사람들을 경멸하거나, 멀리하거나, 모욕하는 것은 도움이 되지 않는다. 또한 모든 종교를 그저 무지한 미신으로 풍자하는 것도 도움이 되지 않는다. 종교와 근본주의를 동일시해서는 안 된다. 그러나 진보적인 기독교의 대중적 지식인들이 실질적으로 급격히 줄어들게 된 것은 — 특히 미국에서 — 애석한 일이다. 라인홀드 니부어는 듀이에게 반대했다. 그러나 그들은 그들의 사회적인 비전과 민주 정치에 대한 비전에서 공통된 토대를 공유하고 있었다. 니부어는 기독교도와 세속적 공동체 모두에 강력한 영향력을 행사했던 진보적인 기독교 사상가이자 자유주의적 사회 개혁가였다. 20세기 전반기에 미국 개신교의 지배적 목소리는 근본주의자들의 그것이 아니라, 사회 개혁과 사회 정의 프로그램에 헌신하는 사상가들과 활동가들의 그것이었다. 그들은 1960년대의 시민권 운동에서 중요한 역할을 했다. 가톨릭 진영에서도 도로시 데이Dorothy Day, 마이클 해링턴Michael Harrington, 그리고 가톨릭 주간지인 『공공복지Commonwealth』에 관여한 일단의 사람들과 같이 가난하고 억압받는 사람들의 곤경에 관심을 가진 진보적인 사상가들과 활동가들이 있었다. 그들은 복음서를 가난한 사람들의 고통과 괴로움을 경감시키기 위한 소명으로 이해했다. 실용주의적 가류주의의 정신이 이 기독교 사상가들의 종교적 신앙을 형성하였다. 그러나 오늘날 미국에는 라인홀드 니부어나 마이클 해링턴의 위상과 영향력을 지닌 대중적인 자유주의적 기독교 사상가는 없다. 근본주의자들과 텔레비전 전도사들이 진보적이고 개방적인 기독교도들의 목소리를 압도하고 있다. 종교 사상가들, 설교자들, 목사들은 악의 남용에 반대해야 하고, 그것이 종교적 믿음을 얼마나 왜곡하고 부패시키는지를 보여주어야 할 특별한 책임이 있다. 그들은 그들의 신도들과 위대한 종교적 전통의 지지자들에게 이해를 추구하는 믿음을 상기시켜야 할 책임이 있다. 그리고 선과 악의 의미에 관한 중대한 문제들을 슬로건과 방송용 문구로 다루는 것은 적합하지 않다고 단언할 책임이 있다.

요컨대, 악의 남용과 그것을 반영하는 멘탈리티에 맞서 해야 할 지적이고 실천적인 일이 존재한다. 진정한 민주주의적 신념을 촉진하는 데 열정적으로 헌신해야 할 때가 무르익었다, 아니 시급하다. 민주주의적 신념은 독단적 절대성과 단순한 이분법에 호소하지 않으며, 토론과 설득, 논증이 만개하는 실질적인 공적 자유를 조장한다. 또 민주주의적 신념은 불확실성, 우연성, 애매성과 더불어 살아갈 용기를 가지며, 철저하게 가류주의 정신을 고취하고 있다.

옮긴이의 글

이 책은 2005년에 출간된 리처드 J. 번스타인Richard J. Bernstein의 『악의 남용: 9/11 이후의 정치와 종교의 부패The Abuse of Evil: The Corruption of Politics and Religion since 9/11』을 완역한 것이다. 이 책의 저자 번스타인은 고전적 미국 실용주의의 전통을 현대적으로 재해석하고 되살리는 데 관심을 가진 철학자이다. 그는 20세기와 21세기 철학의 중요한 특징을 '실용주의적 전환pragmatic turn'이라고 진단하면서, 고전적 미국 실용주의를 신실용주의, 해석학, 비판 이론, 해체주의 등 상이한 철학적 전통과 결합시킴으로써 철학적 지평의 융합을 추구한다.

이 책은 9/11 이후에 범람하고 있는 오도된 "악에 대한 담론"이 초래한 정치적, 종교적, 도덕적 혼란에 대한 철학적 진단과 해법을 담고 있다. 번스타인은 경직화된 이분법에 따라 세상을 선과 악으로 양분하는 9/11 이후의 선과 악의 담론을 악의 남용*abuse of evil*이라고 주장한다. 그에 의하면, 9/11 이후 악에 대한 호소는 복잡한 이슈들을 모호하게 만들고, 진정한 사유를 차단하며, 공적인 토론과 논쟁을 막으려는 정치적 도구로 이용되고 있다. 번스타인은 오늘날 우리가 직면하고 있는 것은 문명의 충돌이 아니라, **멘탈리티의 충돌**이라고 주장한다. 한편에는 절대성, 도덕적 확실성, 단순한 이분법에 이끌리는 절대주의의 멘탈리티가 있고, 다른 한편에는 절대성, 확실성, 무비판적 이분법에 대해 회의적인 실용주의적 가류주의의 멘탈리티가 있다. 절대주의의 멘탈리티는 그가 '데카르트적 불안*Cartesian anxiety*'이라고 부르는 확실성에 대한 깊은 갈망에서 비롯된다. 끊임없이 우리를 위협하는 문제들로부터 우리의 삶을 안전하게 해 줄 수 있는 고정적인 점, 안정적인 암반을 발견하고자 하는 욕망이 절대주의적 멘탈리티를 매력적인 것으로 보이게 한다는 것이다. 그러나 인류사의 가장 잔혹하고 부정의한 비극들 가운데 상당수는 종교적 절대성과 이데올로기적 절대성의 외형을 띠고 나타난 절대주의적 멘탈리티에 의해서 자행된 것이다. 번스타인은 절대주의적 멘탈리티가 정치와 종교의 영역에 침투하게 되면, 정치와 종교의 부패는 불가피하고, 절대주의적 멘탈리티의 상호 충돌로 인한 테러와 보복 전쟁으로 대표되는 폭력과 비참의 악순환에 빠지게 된다고 경고한다.

번스타인은 절대주의적 멘탈리티를 극복하는 대안으로 실용주의적 가류주의 멘탈리티를 제안한다. 실용주의적 가류주의는 지금까지 주로 인식론에서 논의되어 왔지만, 번스타인은 그것이 인간 삶의 다른 영역에서도 중요한 의의를 가질 수 있다고 주장한다. 그에게 있어서 실용주의적 가류주의 멘탈리티는 하나의 윤리적이고 정치적인 입장이다. 실용주의적 가류주의 멘탈리티는 무엇보다도 우리의 신념과 확신이 오류 가능하다는 점을 기본적인 출발점으로 삼아서 어떠한 인식 주장이나 타당성 주장도 지속적인 조사, 수정, 비판에 개방되어 있다는 사고방식 또는 마음의 성향이다. 실용주의적 가류주의 멘탈리티는 절대성과 확실성 주장 대신에 공적인 토론과 비판적 논의를 통한 합의를 중시하는 멘탈리티이자, 인간의 오류 가능성에 기초한 관용과 다양성을 긍정하는 멘탈리티이다.

세계화와 더불어 다원주의는 그 누구도 되돌릴 수 없는 우리 시대의 운명이 되었다. 다원주의 시대에 절대주의적 멘탈리티는 극히 위험한 결과를 초래할 수 있다. 절대주의적인 멘탈리티는 다양성을 부정하고 차이를 '틀린 것'으로, 즉 악으로 표상하기 때문에 멘탈리티 간의 폭력적 충돌로 이어질 가능성이 매우 크다. 다원주의의 불가피성은 실용주의적 가류주의 멘탈리티를 하나의 시대적 요구, 전 지구적 중요성을 가지는 윤리적이고 정치적인 요구로 만들고 있다. 실용주의적 가류주의의 전통을 되살려서 절대주의적 멘탈리티에 기초한 "악의 남용"의 위험으로부터 벗어나는 것은 우리 시대와 미래에 중대한 영향을 미치는 긴급한 과제라는 것이 번스타인의 시대 진단이자 처방이다.

이 책은 본래 9/11 이후의 절대주의적 멘탈리티와 그에 기초한 "악의 남용"을 경고하기 위해서 쓰인 책이다. 그 후 10년 가까운 세월이 지났음에도 이 책에서 전개한 절대주의적 멘탈리티의 위험에 대한 번스타인의 경고는 그 의의가 퇴색하기는커녕 오히려 더 커지고 있다는 느낌을 지울 수 없다. 부시 행정부에 의해 시작된 테러와의 전쟁은 아직도 현재 진행형이고, 재스민 혁명으로 촉발된 아랍의 민주화 운동은 공적 자유와 민주주의로 이어진 것이 아니라 오히려 극단적인 이슬람 근본주의 국가(IS)를 출현시켰다. IS의 무차별적인 테러 행위는 전 세계를 테러의 공포로 몰아넣고 있고, 이러한 공포는 절대주의적 멘탈리티에 의한 '악의 남용'을 더욱 강화할 조짐을 보여 주고 있다. 절대주의적 멘탈리티가 충돌하는 국제적 현실 못지않게 우리 내부의 극단적인 진영 대립 역시 절대주의적 멘탈리티의 충돌로 이어지는 듯한 불길한 징조를 느끼게 된다. 우리가 처한 국내외적 현실은 그 어느 때보다도 절대주의적 멘탈리티에 대한 번스타인의 경고에 귀 기울이고, 실용주의적 가류주의의 정신을 요구하고 있다는 생각이 든다. 모쪼록 이 작은 번역서가 우리 자신의 멘탈리티를 점검하는 계기가 되어서 실용주의적 가류주의 정신에 입각한 민주주의를 성숙시키는 데 일조하였으면 하는 바람이다.

 이 책의 번역 초고는 이미 몇 년 전에 나왔지만, 여러 가지 사정으로 인하여 이제야 출판을 하게 되었다. 이 책은 오랫동안 함께 생각을 나누고 학문적 교류를 해왔던 조현아 박사와 공역한 것이다. 공간적 거리로 인해 자주 만나지 못하는 한계를 공동 번역의 형태를 취하여 교류를 이어가고자 하는 의도에서였다. 앞으로도 학문적 교류와 우정이 계속 이어지길 기대하며, 조현아 박사에게 고마움을 전한다. 마지막으로 어려운 여건 속에서도 모범적인 출판인의 전형을 보여 주고 계신 강동호 사장님께 고마움과 존경의 마음을 전하다.

2015년 12월

참고 문헌

Aboulafia, Mitchell, Bookman, Myra, and Kemp, Catherine (eds) 2002: *Habermas and Pragmatism*, New York: Routledge.

Agamben, Giorgio 1999: *Remnants of Auschwitz: The Witness and the Archive*, tr. Daniel Heller-Roazen. New York: Zone Books.

Arendt, Hannah 1958: *The Human Condition*. Chicago: University of Chicago Press.

──── 1963: *On Revolution*. New York: Viking Press.

──── 1965: *Eichmann in Jerusalem: A Report on the Banality of Evil*, 2nd edn. New York: Viking Press.

──── 1968: *The Origins of Totalitarianism*, 3rd edn, rev. New York: Harcourt Brace Jovanovich.

──── 1971: Thinking and Moral Considerations: A Lecture. *Social Research*, 38/3.

──── 1972: *Crises of the Republic*. New York: Harcourt Brace Jovanovich.

──── 1977a: *Between Past and Future*. New York: Penguin Books.

──── 1977b: *The Life of the Mind: Thinking*, vol. 1. New York: Harcourt

Brace Jovanovich.

—— 1994: *Essays in Understanding*, ed. Jerome Kohn. New York: Harcourt Brace & Co.

Arendt, Hannah, and Jaspers, Karl 1992: *Correspondence 1926-1969*, ed. Lotte Kohler and Hans Saner, tr. Robert and Rita Kimber. New York: Harcourt Brace & Co.

Benhabib, Seyla, and Fraser, Nancy (eds) 2004: *Pragmatism, Critique, Judgment: Essays for Richard J. Bernstein*. Cambridge, Mass.: MIT Press.

Berlin, Isaiah 1969: *Four Essays on Liberty*. Oxford: Oxford University Press.

Bernstein, Richard J. 1983: *Beyond Objectivism and Relativism: Science, Hermeneutics, and Praxis*. Oxford: Basil Blackwell.

—— 1986: *Philosophical Profiles*. Philadelphia: University of Pennsylvania Press.

—— 1991: *The New Constellation: The Ethical-Political Horizons of Modernity/Postmodernity*. Cambridge: Polity.

—— 1992: The Resurgence of Pragmatism, *Social Research*, 59 (Winter).

—— 1996: *Hannah Arendt and the Jewish Question*. Cambridge: Polity.

—— 2002: *Radical Evil: A Philosophical Interrogation*. Cambridge: Polity.

Browning, Christopher R. 2003: *Collected Memories: Holocaust History and Postwar Testimony*. Madison: University of Wisconsin Press.

Bruce, Steve 1988: *The Rise and Fall of the New Christian Right*. Oxford: Oxford University Press.

—— 2000: *Fundamentalism*. Cambridge: Polity.

Casanova, José 1994: *Public Religions in the Modern World*. Chicago: University of Chicago Press.

Commission 2004: *The 9/11 Commission Report*, authorized edition. New York: W. W. Norton.

Danner, Mark 2004: *Torture and Truth*. New York: New York Review of Books.
—— 2005: How Bush Really Won. *New York Review of Books*, 52/1 (January 13).
Dewey, John 1927: *The Public and its Problems*. New York: Henry Holt.
—— 1930: *Individualism: Old and New*. New York: Minton, Balch.
—— 1981: *The Philosophy of John Dewey*, ed. John J. McDermott. Chicago: University of Chicago Press.
—— 1986: A Common Faith (1934). *In The Later Works of John Dewey* 1925-53, vol. 9, ed. Jo Ann Boydston. Carbondale: Southern Illinois Press.
—— 1988: Creative Democracy: The Task Before Us (1939). *In The Later Works*, 1925-53, vol. 14, ed. Jo Ann Boydston. Carbondale: Southern Illinois University Press.
Dickstein, Morris (ed.) 1998: *The Revival of Pragmatism*. Durham, NC: Duke University Press.
Diggins, Jack Patrick 1995: *The Promise of Pragmatism*. Chicago: University of Chicago Press.
Gutman, Amy (ed.) 1994: *Multiculturalism*, expanded paperback edition. Princeton: Princeton University Press.
Hook, Sidney 1974: *Pragmatism and the Tragic Sense of Life*. New York: Basic Books.
James, William 1977: *The Writings of William James*, ed. John McDermott. Chicago: University of Chicago Press.
Kant, Immanuel 1960: *Religion within the Limits of Reason Alone*, tr. T. M. Greene and H. H. Hudson. New York: Harper Torchbooks.
Kuklick, Bruce 1985: *Churchmen and Philosophers: From Jonathan Edwards to John Dewey*. New Haven: Yale University Press.

Levi, Primo 1986: *Survival in Auschwitz and The Reawakening: Two Memoirs*, tr. Stuart Woolf. New York: Summit Books.

Lilla, Mark 1997: The Enemy of Liberalism. *New York Review of Books*, 44/8 (May 15).

MacIntyre, Alasdair 1977: Epistemological Crises, Dramatic Narrative and the Philosophy of Science. Monist, 60.

McCormick, John P. 1997: *Carl Schmitt's Critique of Liberalism: Against Politics as Technology*. Cambridge: Cambridge University Press.

Marsden, George M. 1980: *Fundamentalism and American Culture: The Shaping of Twentieth Century Evangelicalism*, 1870-1925. New York: Oxford University Press.

Meier, Heinrich 1995: *Carl Schmitt and Leo Strauss: The Hidden Dialogue*, tr. J. Harvey Lomax. Chicago: University of Chicago Press.

—— 1998: *The Lesson of Carl Schmitt: Four Chapters on the Distinction between Political Theology and Political Philosophy*, tr. Marcus Brainard. Chicago: University of Chicago Press.

Menand, Louis 2001: *The Metaphysical Club: A Story of Ideas in America*. New York: Farrar, Straus and Giroux.

Neiman, Susan 2004: *Evil in Modern Thought: An Alternative History of Philosophy*, with a new preface for the paperback edition. Princeton: Princeton University Press.

Noll, Mark A., Bebbington, David W., and Rawlyk, A. (eds) 1994: *Evangelicalism: Comparative Studies of Popular Protestantism in North America, the British Isles, and Beyond, 1700-1990*. New York: Oxford University Press.

Peirce, Charles S. 1931-5: *Collected Papers of Charles Sanders Peirce*, ed. Charles Hartshorne and Paul Weiss. Cambridge, Mass. Harvard University Press.

—— 1992: *The Essential Peirce* vol. 1, ed. Nathan Houser and Christian Kloesel. Bloomington, Ind.: Indiana University Press.
Power, Samantha 2004: Hannah Arendt's Lesson. *New York Review of Books*, 51/7 (April 29).
Putnam, Hilary 1994: *Words and Life*, ed. James Conant. Cambridge, Mass.: Harvard University Press.
—— 2002: *The Collapse of the Fact/Value Dichotomy and Other Essays*. Cambridge, Mass.: Harvard University Press.
Rice, Daniel F. 1993: *Reinhold Niebuhr and John Dewey: An American Odyssey*. Albany, NY: SUNY Press.
Rockefeller, Steven 1991: *John Dewey: Religious Faith and Democratic Humanism*. New York: Columbia University Press.
Rorty, Richard 1989: *Contingency, irony, and solidarity*. Cambridge: Cambridge University Press.
Rosenbaum, Stuart (ed.) 2003: *Pragmatism and Religion*. Urbana: University of Illinois Press.
Ruthven, Malise 2004: *Fundamentalism: The Search for Meaning*. Oxford: Oxford University Press.
Ryan, Alan 1995: *John Dewey and the High Tide of American Liberalism*. New York: W. W. Norton.
Scheuerman, William E. 1999: *Carl Schmitt: The End of Law*. New York: Rowman & Littlefield.
—— 2004: International Law as Historical Myth. Constellations, 11/4.
Schlesinger, Arthur M., Jr. 2004: *War and the American Presidency*. New York: W. W. Norton.
Schmitt, Carl 1995: *The Concept of the Political*, tr. with intro. by George Schwab, with a new foreword by Tracy B. Strong. Chicago: University of Chicago Press.

Sellars, Wilfrid 1963: *Science, Perception and Reality*. New York: Humanities Press.

—— 1997: *Empiricism and the Philosophy of Mind*, with an intro. by Richard Rorty and a commentary by Robert Brandom. Cambridge, Mass.: Harvard University Press.

Singer, Peter 2004: *The President of Good & Evil: The Ethics of George W. Bush*. New York: Dutton.

Steinfels, Peter 2004: The Ethical Questions involving Torture of Prisoners are Lost in the Debate over War in Iraq. *The New York Times*, Dec. 4.

Stout, Jeffrey 2004: *Democracy & Tradition*. Princeton: Princeton University Press.

Sullivan, Andrew 2005: Atrocities in Plain Sight. *New York Times Book Review*, Jan. 23.

Suskind, Ron 2004: Without a Doubt. *New York Times Magazine*, Oct. 17.

Taylor, Charles 2002: *Varieties of Religion Today: William James Revisited*. Cambridge, Mass.: Harvard University Press.

West, Cornel 1989: *The American Evasion of Philosophy*. Madison: University of Wisconsin Press.

—— 2004: Empire, Pragmatism, and War: An Interview with Eduardo Mendieta. *Logos*, 3/3 (Summer).

Westbrook, Robert B. 1991: *John Dewey and American Democracy*. Ithaca, NY: Cornell University Press.

Wolfe, Alan 2004: A Fascist Philosopher Helps us to Understand Contemporary Politics. *The Chronicle Review*, April 2.